编委会

主　　任：罗小云

副主任：黄加文　龚建平　黄文辉　汪立夏
　　　　姜　辉　鲁　伟　罗　华　毛保国

编写组

组　　长：董圣鸿

执行组长：王敬群

成　　员：罗　蓉　武　厚　卢科荣　张煌彬
　　　　　刘芳彤　黄道乾　吴泓玥　聂圆梦

"每天学点心理学"丛书

大学生心理健康知识手册

《"每天学点心理学"丛书》编写组 编著

江西教育出版社

·南昌·

赣版权登字-02-2024-444
版权所有 侵权必究

图书在版编目（CIP）数据

大学生心理健康知识手册 /"每天学点心理学"丛书编写组编著. -- 南昌：江西教育出版社, 2024.12
（每天学点心理学）
ISBN 978-7-5705-4322-9

Ⅰ.①大… Ⅱ.①每… Ⅲ.①大学生—心理健康—健康教育—手册 Ⅳ.①G444-62

中国国家版本馆CIP数据核字(2024)第069351号

大学生心理健康知识手册
DAXUESHENG XINLI JIANKANG ZHISHI SHOUCE

《"每天学点心理学"丛书》编写组　编著

江西教育出版社出版
（南昌市学府大道299号　邮编：330038）

各地新华书店经销
江西千叶彩印有限公司印刷
787毫米×1092毫米　　16开本　　13.25印张　　230千字
2024年12月第1版　　2024年12月第1次印刷

ISBN 978-7-5705-4322-9
定价：36.00元

赣教版图书如有印装质量问题，请向我社调换　电话：0791-86710427
总编室电话：0791-86705643　　编辑部电话：0791-86700573
投稿邮箱：JXJYCBS@163.com　　网址：http://www.jxeph.com

序

国家强盛需要健康而强大的国民心态。提升全民心理健康素养，是推进健康中国建设、平安中国建设和精神文明建设的重大时代课题。党的二十大以来，党和国家对心理健康事业作出一系列战略部署，强调要重视心理健康和精神卫生工作，并将其摆在经济社会发展大局的重要位置来谋划推进。

学习、掌握科学的心理健康知识，成为广大人民群众愈加强烈的意愿。生活中，人们经常面对各类心理问题，却不知如何应对与化解。诸如，"经常心情不佳，要如何处理？""孩子有厌学情绪，怎么办？""婆媳关系难处理，怎么解决？""职场'内卷'压力大，该如何化解？"……面对这些心理困惑，一套贴近民众生活的心理健康知识手册，有助于廓清心灵迷雾、洞察现象本质、找寻应对良方。

人民的需求就是工作的努力方向。江西省平安建设领导小组办公室联合江西师范大学，组织江西省社会心理服务体系建设研究中心专家和高校学者，精心编写了这套共10册的"每天学点心理学"丛书，涉及婴幼儿、小学生、初中生、高中生、大学生、教师、中老年人等多个群体。丛书编写始终坚持科学严谨、实用易懂的导向，每本书都精心挑选了各群体日常生活中可能面临的典型心理健康问题，运用专业理论知识分析阐释，让读者能够轻松理解和运用相关知识，一定程度上帮助读者解决问题、改善心理状态；同时，这套丛书也为从事心理健康工作的人员提供了实用的辅导读本,增强他们从事心理工作的实际本领,培育自尊自信、理性平和、积极向上的社会心态。

坚持"每天学点心理学",阳光快乐每一天!

《"每天学点心理学"丛书》编写组

前言

随着经济社会快速发展和外界环境的巨大变化，学生心理健康问题愈加凸显，党和国家高度重视青少年身心健康的培养。2023年4月，教育部等十七部门印发《全面加强和改进新时代学生心理健康工作专项行动计划（2023—2025年）》，强调要："全方位开展心理健康教育。组织编写大中小学生心理健康读本，扎实推进心理健康教育普及。"

《大学生心理健康知识手册》这本书面向当代大学生群体而编写，响应国家政策与时代发展，内容贴近当代大学生的日常学习和生活，整体风格活泼、生动。本书具有以下特点：

第一，问题导向，案例生动。全书以新时代大学生常见的心理问题或热点问题为出发点，通过翔实的案例分析、心理解读与应对之道，让大学生学会自助、成长。

第二，内容丰富，易学易用。全书内容涉及心理健康基础知识、情绪情感、学习规划、自我意识、职业发展、人际关系、恋爱与性心理等各个方面，教授大学生如何处理心理问题的方法与技巧，实现知识传授与自我学习的有机结合。

第三，科学引领，拓展提升。全书从大学生的视角出发，以大学生的需要为基础，结合大学生的认知理解特点，科普心理健康知识及心理自我评估，深入浅出，全面细致，为大学生学会心理自助提供科学引领。

综上，本书非常适合大学生群体查阅、浏览和精读，亦可以作为大学生家长、班主任和辅导员了解大学生心理状态的重要参考，是一本非常实用的有关大学生心理健康的指导用书。

江西师范大学　刘建平

目录

第一篇 辨识异常与障碍   1

01 苦闷时要去心理咨询吗?   2
02 如何让生活更有意义?   5
03 抑郁和抑郁症是一回事吗?   9
04 为何有时抑郁有时躁狂?   13
05 强迫和强迫症是一回事吗?   17
06 失眠是睡眠障碍吗?   21

第二篇 知晓情绪 懂我心   27

07 情绪有好坏之分吗?   28
08 怎样增加积极情绪?   32
09 为何一言不合起冲突?   38
10 如何摆脱悲观反刍?   42
11 失去亲爱的朋友怎么办?   47
12 为何我不恋家?   52

第三篇 我的大学我做主　　57

13　为何会纠结转专业？　　58
14　如何规划我的大学时光？　　62
15　如何平衡学习和社团活动？　　66
16　怎样激发学习动机？　　70
17　学习时总想玩手机怎么办？　　75
18　如何消灭拖延症？　　79
19　如何驾驭考试焦虑？　　84

第四篇 努力成长奔未来　　91

20　为何自己不了解自己？　　92
21　我不喜欢自己怎么办？　　96
22　我有"容貌焦虑"怎么办？　　100
23　我是不是没主见？　　104
24　为什么目标常立常倒？　　108
25　为什么我总是害怕失败？　　113
26　继续深造还是进入职场？　　118
27　脚踏实地还是心系远方？　　123

第五篇 善解人意 识人心   127

28 和室友相处不来怎么办?   128
29 为什么我进不了他们的小圈子?   131
30 为什么她不好意思拒绝别人?   134
31 不愿社交到底如何是好?   138
32 嫉妒她,丢人吗?   142
33 陷入虚拟社交怎么办?   145
34 为什么老乡容易成为好朋友?   149
35 和辅导员有矛盾怎么办?   153

第六篇 相知相伴 完美爱   157

36 一见钟情靠谱吗?   158
37 为何爱你在心口难开?   161
38 为什么初恋难忘?   165
39 要为了脱单而恋爱吗?   168
40 如何度过失恋的煎熬时光?   172
41 异地恋如何坚持下去?   176
42 为何情侣总是分分合合?   179
43 怎样拥有甜甜的恋爱?   183
44 要答应他吗?   187
45 如何防止被"洗脑"?   191

参考文献 195

后记 198

第一篇
辨识异常与障碍

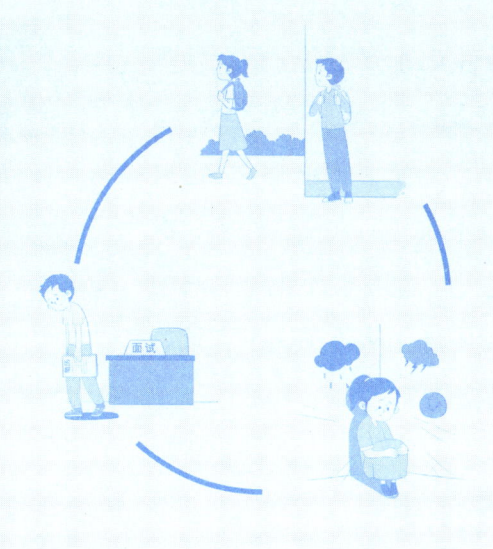

01 苦闷时要去心理咨询吗？

案例导入

小齐是个帅气的男生，虽然家庭条件不错，但是父母之间的关系一直不好。父母经常冷战，甚至吵架、打架，导致小齐产生了严重的心理阴影。小齐高考结束的那个暑假，父母离婚了。之后，小齐一直跟爷爷奶奶一起生活。

小齐跟同学或朋友的关系都是不冷不热的，他很难跟他人建立较为亲密的关系。最近班上有个女同学向小齐表白，小齐很恐慌。本来小齐和那个女生的关系不错，但是在女生向小齐表白之后，他却很害怕，开始躲避那个女生。

小齐不知道该怎么办，也不敢和别人说这件事，担心别人觉得他不正常。心中烦闷却无从诉说，小齐该怎么办呢？

心理解读

小齐的上述表现属于异性交往恐惧。异性交往恐惧是与异性在正常交往中出现的惊恐、回避等行为状态。

小齐对异性的恐惧可能是由于家庭原因导致的。根据萨提亚家庭治疗理论，人是生活在环境、关系（或系统）中的。一个人心理症状的出现，与他人、环境的互动有很大的关系。其中，个体在原生家庭中体验到的各种关系，以及各种应对方式，对他的一生影响较大。在孩子的成长过程当中，父母的言行被视为孩子模仿的榜样。如果父母的婚姻状态不佳，充满矛盾冲突，如本案例中小齐的父母长期吵架、打架，那么，这些就会对孩子的婚恋观带来不良影响。

心理咨询是治愈异性交往恐惧的有效方法，在心理咨询过程中，为了有效地帮助来访者排忧解难，必须遵循一定的规则，即心理咨询的原则。心理咨询的原则是指心理咨询师在工作中必须遵守的基本要求。

自愿原则。心理咨询是以来访者愿意使自己有所改变为前提的，心理咨询师不能以任何形式强迫来访者接受或维持心理咨询。有人将这一原则称为"来者不拒、去者不追"。

保密原则。心理咨询师有责任对来访者的谈话内容予以保密，来访者的名誉和隐私应受到道义上的维护和法律上的保护，在没有征得来访者同意的前提下，不得将在咨询场合中来访者的言行随意泄露给任何人或机关。保密原则是鼓励来访者畅所欲言的基础，也是对来访者人格及隐私权的最大尊重。

尊重、接纳和理解的原则。尊重、接纳和理解的原则有助于建立良好的咨询关系，还能够激发来访者的内在力量和潜能，使他们更加积极地面对自己的问题和挑战。

价值中立原则。价值中立原则是指在咨询过程中，心理咨询师要尊重来访者的价值准则，不要以自己的价值观为准则，对来访者的行为准则任意进行价值判断。

应对之道

小齐在面对异性交往困惑时，可以通过尝试以下的方法来解决问题。

寻求心理咨询。现在每个高校都有心理咨询中心，对大学生几乎都是免费开放的。通过心理咨询可以有效缓解小齐的心理问题，减少他与异性交往的恐惧。

学习与异性交往。很多有异性交往恐惧症的个体是因为与异性接触的机会太少而导致的，因此学习与异性交往有利于症状的改善。首先，异性交往恐惧者可以从尝试与异性进行简单的对话开始，逐渐增加交往的复杂性和深度。例如，可以先从与异性打招呼、交换联系方式等简单互动开始。其次，设定短期和长期的目标，逐步挑战自我的异性恐惧。例如，每周与一位异性进行对话，或参加一次有异性参与的社交活动。同时，记录自我在与异性交往过程中的进步和成就，这有助于增强信心和动力。

求助心理热线。在现场心理咨询不方便开展的情况下，可以拨打心理咨询热线，其为包括大学生在内的有心理困扰的人提供24小时全天候的心理咨询、疏导公益服务，成为沟通社会心理的"连心桥"、促进心理健康的"开心锁"。当你无法找到他人倾诉的时候，心理热线是很好的"倾诉对象"。心理热线是现场心理咨询的有效补充，具有高效、避免面对面接触等优点。

心理小贴士

心理咨询与心理热线

心理咨询是指心理咨询师运用心理学的理论与方法，就咨询对象心理方面存在的问题提供帮助，启发和指导咨询对象消除不良心理因素，使之产生认识、情感和态度上的变化，达到恢复心理平衡、增强心理素质、提高适应能力、增进身心健康的目的。总之，心理咨询是咨询师通过特殊的人际关系，帮助来访者解决心理问题、提高适应能力、促进人格发展的过程。

心理咨询热线是心理咨询服务的扩展与延伸，具有方便、快捷、隐匿的特点，是公益的、免费的心理服务。心理咨询接线员会专注倾听，运用基本的心理咨询方法，对来电者进行心理减压与情绪疏导。接线员会尽力与求助者建立良好的咨询关系，帮助求助者澄清他的问题，以建设性的方式解决问题，有效满足求助者的需要。心理热线是公共资源，有一定的限制：为了帮助更多的人，一般以一次服务为主。

02 如何让生活更有意义？

案例导入

小希是名研三的男生，父母在外地打工，有弟弟、妹妹在读中学。小希最近遇到很多人生的大"坎"，感觉难以逾越。小希谈了3年多的女朋友跟他提出分手，这让他难以接受，终日痛苦。硕士论文的实验数据也不理想，论文出现很大的问题，几次参加秋招考试面试也屡屡被拒。想到自己的爱情、学业和工作，小刚整个人都要崩溃了。最近十来天，他几乎每晚都会失眠，觉得自己特别失败，对未来他看不到任何希望，情绪低落，没有食欲，体重下降了好几斤。小希感觉活着好累，看不到生活的希望，活着没有意义，连累家人，他到底怎么啦？该如何帮助小希呢？

心理解读

在本案例中，小希面临着一系列应激事件：女朋友提出分手、毕业论文出问题和工作无着落等。这对于青年群体来说都是压力非常大的事件，容易导致心理危机。心理危机强调的是危机事件给人的心理带来的巨大冲击。

心理危机。心理危机理论干预的创始人杰拉尔德·卡普兰将其定义为"面临突然或重大的生活事件，个体既不能回避，又无法用通常解决问题的方法来解决时所出现的心理失衡状态"。心理危机包括：个体或群体面临的损失、危险、不幸、羞辱、不可控性、日常生活的崩溃、不确定性和隐性的沟通。大学生的成长就是不断地打破自身的平衡状态，寻求新的自我秩序和平衡。只要生活中仍有挑战和学习的机会存在，他们就会经历发展过程中必然要经历的心理危机。理性面对危机，正确应对挫折，就可以化危机为良机，从而获得转机，得到发展。大学生的心理危机，都具有其社会生活背景和时代特点。社会生活的变革、家庭的变故、个人发展的不顺利都能引发其心理危机。

心理危机的识别。 大学生出现下列任一情况的学生，需要引起重点关注，主动求助。

1. 在心理健康测评中筛选出来的有严重心理问题或有自杀倾向的学生。
2. 环境适应困难，且不主动求助。
3. 遭遇重大生活挫折的学生，如失恋或亲人的突然离世。
4. 有明显人格缺陷，不与人交流。
5. 学习压力大，且自身难排解。
6. 认为前途渺茫及对就业压力无法积极应对。
7. 有自杀或伤害他人的想法、行为。
8. 家庭经济困难且性格内向，不主动寻求社会支持系统帮助。
9. 有严重心理疾病，如患有抑郁症、躁狂症、恐怖症、强迫症、癔症等心理疾病，精神分裂症治愈出院处于康复期。
10. 谈论过自杀并考虑过自杀计划和方法，包括在信件、日记、图画或乱涂乱画的只言片语中流露轻生念头。
11. 不明原因突然给同学、朋友或家人送礼物、请客、赔礼道歉、述说告别的话等行为明显改变。
12. 情绪突然异常者，如特别烦躁，高度焦虑、恐惧，易感情冲动，或情绪异常低落，或情绪突然从低落变为平静，或饮食睡眠受到严重影响，等等。

应对之道

小希在遇到一系列应激事件后，情绪低落，有负罪感，甚至有了自杀的念头，需要立即进行心理危机干预。

寻求外界帮助。

首先，个体出现心理危机之后应主动到专业的心理咨询中心寻求帮助，或者向教师、同学寻求帮助，及时接受帮助与治疗，在专业人员的帮助下了解自我潜在的情感，正确对待心理咨询师、班主任、辅导员和学生干部的陪伴，联系家人是对生命的负责。

其次，小希应远离消极的想法，充分利用身边的资源，寻求他人帮助。

最后，应及时、定期评估自我的自杀风险，按时参加心理辅导和其他治疗。

自我救助，提升心理素质。 提升自我心理素质是健康成长的需要。

第一，日常生活中要多做运动，兼顾有氧运动和无氧运动，饮食清淡，增强体质。在紧张的时候试着调整一下呼吸，放一些柔和的音乐使自己平静下来。

第二，了解自我、正视自我、悦纳自我，不妄自菲薄，也不狂妄自大。了解自己的能力和界限，遇事客观分析，冷静应对，管理好自己的情绪。

第三，尝试挑战让自己感到害怕的事情。多去接触一些让自己感到害怕的事情，对于一件陌生的事情，刚开始会有恐惧感，但是经历得多了，这份恐惧感就会慢慢消失。而其他的一些情绪也是一样，比如紧张，你需要不断去经历，让自己变得强大，可以承受外界的压力。

第四，学习如何与人保持良好的人际关系。融洽的宿舍关系是大学生重要的支持系统。学习用真诚、宽容、友善的态度对待舍友，用真诚的沟通处理同学间的差异和矛盾，建立融洽的宿舍关系。性格内向、缺乏自信的同学要树立信心，积极参加各种集体活动，培养广泛的兴趣爱好，拓宽视野，扩大人际交往范围，提高人际交往能力。

心理小贴士

心理健康与心理素质

心理健康的标准不像生理健康的标准那样具体、精确和绝对，心理健康与否、正常与否的界限是相对的，心理健康的标准仅仅反映了个体良好地适应社会生活所应有的心理状态。心理健康是较长一段时间持续的心理状态，一个人偶尔出现的一些不健康的心理行为并不意味着这个人心理就一定是不健康的。心理健康状态并非固定不变的，而是动态变化的。

心理素质是中国的本土化概念，指个体在成长与发展过程中形成的比较稳定的心理特征，是心理品质和心理能力的统一体，它涵盖了多个方面，包括认知能力、情感调节能力、意志品质和性格特点等。心理素质是心理健康的基础，心理素质的高低直接影响着个体的心理健康水平。一般来说，心理素质健全且水平高的人，较少产生心理问题，其心理处于健康状态；相反，心理素质不健全或水平低的人，容易产生心理问题，其心理极有可能处于不健康状态。心理健康可以看作是心理素质的一种功能性反映。当个体的心理素质良好时，其心理状态通常也会更加健康。通过加强自我认识、培养积极心态、锻炼意志品质、调节情绪以及寻求专业帮助等方式，可以提升个体的心理素质，进而促进心理健康。总之，心理健康与心理素质是类似"标"与"本"的关系。

03 抑郁和抑郁症是一回事吗？

案例导入

小琴是一名大一学生，因为高考发挥不好，进入了现在的大学就读。军训结束后，小琴发现现在就读的大学和她想象中的大学完全不一样。面对气候和饮食的变化，小琴始终难以适应，尤其是集体生活也让小琴很不习惯。宿舍里每个人的习惯都不相同，每天洗澡、洗衣服都要排队等好久，等她洗漱完之后都已经很晚了，严重影响了睡眠时间，导致她白天没有精神。理想与现实的差距使得小琴经常情绪低落，她是不是得了抑郁症呢？她该怎么走出情绪低落的状态呢？

小兰是一名大二学生，这学期好几门专业课都挂科了，然而大一时候小兰还拿了奖学金。面对突然的成绩下滑，辅导员主动与小兰谈心，发现小兰情绪低落、经常哭泣、上课听不懂、学习效率低下、反应变慢、经常失眠、食欲下降，一个多月的时间体重下降了十多斤。辅导员察觉到小兰的异常，建议她到医院去检查。经医院诊断，小兰得了抑郁症。她该怎样摆脱抑郁症呢？

心理解读

根据抑郁症的诊断标准，本案例中的小琴是由新生入学的环境适应问题导致的抑郁情绪，不符合抑郁症的诊断标准。小琴没有考入自己理想的学校，心理上会有抵触情绪和失落感，大学环境适应不良又进一步引发了她的情绪低落。而小兰则在身体方面有明显的异常，属病理性抑郁，出现思维迟缓、意志活动减退等症状，符合抑郁症的诊断标准。那么我们如何区分抑郁情绪和抑郁症？

量变与质变的不同。抑郁情绪是一种量变，个体处于抑郁情绪不一定是得了抑郁症。抑郁症则是发生了质变，比抑郁情绪更加严重。抑郁症除了情绪低落，还存在其他症状表现。

持续时间不同。抑郁情绪是一种很常见的情感表现。正常人的情绪变化有一定的时限性，通常是短期性的，人们可以通过自我调适缓解。而抑郁症患者的情绪低落受环境影响较小，情绪变化两周以上且持续存在，通常还会伴有认知改变，如记忆力、注意力减退等，以及睡眠、进食障碍，各种身体异常，等等，是综合性变化，而不只涉及情绪。抑郁症不治疗通常难以自行缓解，症状还会逐渐加重恶化。

产生的原因不同。正常的抑郁情绪是以一定的客观事物为背景的，即事出有因，而抑郁症目前病因未明。

两者的影响程度不同。抑郁情绪程度较轻，不会明显影响到个体的工作、学习和生活。抑郁症程度严重，不但会影响到个体的工作、学习和生活，甚至还会严重影响到个体社会功能的发挥，使其无法适应社会，更有甚者可能使个体产生轻生的念头或行为。

抑郁通常有以下的表现：

心境低落。显著而持久的情感低落，抑郁悲观。轻者闷闷不乐、无愉快感、兴趣减退，重者痛不欲生、悲观绝望、度日如年、生不如死。典型的抑郁心境有晨重夜轻的节律变化。在心境低落的基础上，个体会出现自我评价降低，产生无用感、无望感、无助感和无价值感，且伴有自责自罪。

思维迟缓。思维联想速度缓慢，反应迟钝，思路闭塞，自觉脑子好像是生了锈的机器，像涂了一层糨糊一样。

意志活动减退。意志活动呈显著持久的抑制。临床表现为行为缓慢，生活被动、懒散，不想做事，不愿和周围人接触交往，常独坐一旁，或整日卧床、闭门独居、疏远亲友、回避社交。严重时连吃、喝等生理需要和个人卫生都不顾。

认知功能损害。研究认为抑郁症个体存在认知功能损害。主要表现为记忆力下降，注意力障碍，反应时间延长，警觉性增高，抽象思维能力差，学习困难，语言流畅性差，空间知觉、眼手协调及思维灵活性等能力减退。

躯体症状。睡眠障碍、乏力、食欲减退、体重下降、便秘、身体部位的疼痛、性欲减退、阳痿、闭经等。躯体不适的体诉可涉及各脏器，导致如恶心、呕吐、心慌、胸闷、出汗等症状。

抑郁症严重危害个体身心健康和生命安全，患抑郁症后，个体有强烈的自责和绝望心态，对死亡的认知改变，有的甚至会有自杀的行为。

应对之道

小琴是抑郁情绪，而小兰是抑郁症，她们该如何应对呢？

针对小琴的抑郁情绪，可以从以下方法着手。

增强社会支持。小琴可以与家人和朋友分享自己的感受和困扰，寻求他们的理解和支持；积极参与校园活动、社团活动等，扩大社交圈子，增强人际交往能力；与同学和老师建立良好的关系，寻求他们的帮助和建议，有助于解决学习和生活中的问题。

改善生活方式。小琴可以从改变不良生活习惯入手，保持规律的作息时间，避免熬夜和过度劳累，形成良好的睡眠习惯。同时，她可以积极参与自己感兴趣的活动，如音乐、绘画、阅读等，有助于转移注意力，缓解抑郁情绪。

寻求专业帮助。大学生可以寻求学校心理咨询中心的帮助，与专业的心理咨询师进行交谈。他们可以提供科学的评估和指导，帮助大学生识别和处理抑郁情绪。

针对小兰的抑郁症，可以从以下方面应对。

药物治疗。抑郁症目前主要以药物治疗为主，个体要按时服用药物，定期去医院复查，严格遵守医嘱，不能私自减药、增药或停药。

坚持运动。科学研究证实，运动有助于抑郁症个体的康复。坚持每周进行3次有氧运动，个体的抑郁情绪就会得到缓解。研究还发现，坚持运动的抑郁症个体的复发率比仅依靠药物治疗的患者要低很多。

心理治疗。通过和心理治疗师谈话、交流来进行治疗。心理治疗的方案包括心理教育干预、认知行为治疗、家庭治疗、人际与社会和谐治疗等。在药物治疗的同时常合并进行心理治疗效果更佳。心理治疗对轻、中度抑郁症的治疗是药物治疗的有效补充。

心理小贴士

抑郁性神经症

抑郁性神经症是一种以心境低落为主要表现，常伴有焦虑、躯体不适感和睡眠障碍的神经症。患者虽有治疗要求，但无明显的运动性抑制或精神病性症状，且生活能力不受严重影响。该病症在国际上通常被称为"心境恶劣"。抑郁性神经症的诊断主要依据患者的症状表现、病程特点以及心理社会因素等。

症状表现：抑郁伴有神经症症状不太严重；工作、交际、生活能力受影响较轻；有求治欲望，人格完整。

病程特点：慢性起病，病程持续2年以上。

心理社会因素：抑郁性神经症常由心理社会因素所诱发，如夫妻争吵、离异、亲人分别、工作困难、人际关系紧张等。

其他症状：伴有焦虑症状；无严重的自责、妄想、幻觉等精神病性症状；无明显的体重减轻、厌食等生物学症状。

04 为何有时抑郁有时躁狂？

案例导入

小迪是个非常上进的大三学生，但她情绪不太稳定。小迪在大一、大二的时候，参加了学院的学生会和很多社团，担任并留任学生会主席，她每天都感觉自己精力充沛、状态很好。大三开始，她又经常在外面兼职，赚了不少钱，比较有成就感。同学们都很羡慕她，而她却开心不起来，她突然感觉自己的能量好像没了，失去了生活的意义，经常情绪低落，一个人哭泣。小迪有一个男朋友，特别优秀，但是现在两个人待在一起小迪也没什么感觉。小迪最近做事的时候脑子里总是有一些不好的念头，比如害怕自己被人陷害吸毒，毁掉自己及自己的家庭，她为此特别害怕、特别痛苦。小迪准备考研，想通过考研摆脱自己的负性情绪。但小迪在看书的时候，始终无法进入状态，学习效率很低、记忆力差，没有了以前的高效率状态。小迪现在睡眠也不好，无食欲，失去了对生活的希望。

小迪来到学校的心理咨询中心，心理咨询师建议她去医院的精神科做进一步检查。她该怎么办，要不要去医院呢？

心理解读

在本案例中，小迪的情况经精神专科医院诊断为双相情感障碍，目前为中度抑郁发作阶段。根据双相情感障碍的诊断标准，小迪有抑郁症和躁狂症两种表现，交替进行，符合诊断标准。小迪在大一、大二的这段时间精力充沛、思维活跃的表现属于双相情感障碍的躁狂发作。而进入大三上学期以来，小迪的情绪低落、记忆力差、对生活没有感觉、学习效率低下等表现则属于双相情感障碍的抑郁发作。

双相情感障碍的定义。双相情感障碍是指个体既有躁狂或轻躁狂发作，又有抑郁发作的一类情感障碍（心境障碍），是一种常见的精神障碍。双相情感障碍的临床表现按照发作特点可以分为抑郁发作、躁狂发作或混合发作。混合发作指躁狂症状和抑郁症状在一次发作中同时出现，临床上较为少见，通常是在躁狂与抑郁快速转向时发生。

双相情感障碍的原因与表现。双相情感障碍的病因尚不十分明确，遗传因素、神经生化因素和心理社会因素对此病的发生有一定影响。它之所以被称为"心境障碍"，是因为它深深地影响了一个人的情绪体验和"情感"；它之所以被称为"双相"障碍，是因为个体的心境在躁狂的高峰与重度抑郁的低谷这两极之间来回波动，相比之下，重度抑郁个体的心境只沿着单极（低谷）发生波动。

处于躁狂"巅峰"状态下，个体可能会体验到兴高采烈或欣快的心境（极度快乐或欣喜若狂），或急躁的心境（极度愤怒和敏感），对睡眠的需要降低，且对自身的能力抱有自信；与此同时，奔逸的思维还会让个体更加健谈；与平时相比，个体的精力和行动力都会明显提高，注意力和感知觉都会发生变化，可能会出现冲动和鲁莽的行为。躁狂或抑郁的发作所持续的时间长短不一，短则几天，长则数月。有40%的个体并不会交替地体验到抑郁与躁狂，而是同时体验这两种心境。

双相情感障碍的危害。躁狂之后，个体可能会逐渐螺旋式地陷入抑郁状态，也可能毫无征兆地突然跌入重度抑郁之中。某些个体会从正在形成中的轻度抑郁的基础上步入重度抑郁，而另一些个体则可能会在生活中的方方面面都感觉良好时突然出现严重的抑郁症状。如果说重度抑郁是一不小心摔进了深坑，那么躁郁就可能是撑竿跳外加托马斯旋转之后直直砸入坑中。这时，个体可能会变得极度压抑或极度沮丧、体重减轻、食欲减少、感到疲劳却难以入睡、觉得自己罪孽深重、在沉思中构想自杀的计划等，严重影响个体的生活质量。

应对之道

小迪被诊断为双相情感障碍,她可以从以下方面去应对。

药物治疗。双相情感障碍是一种生物学的疾病,需要生物学的治疗,即精神药物治疗为主。具体用药应结合临床,由精神科医生依据诊断开具处方。

心理治疗。心理社会治疗是双相情感障碍的有效辅助治疗手段。心理社会治疗包括心理健康教育、家庭治疗、认知行为治疗,以及人际社会治疗等,具体包括了解该精神障碍的基本知识,家属如何识别疾病复发的早期征象,学会合理看待生活中发生的事件,理性控制自我的情绪。心理社会治疗有助于个体情绪的稳定,帮助其生活、学习逐渐进入正轨,是药物治疗的有效补充。同时,心理咨询师还应与个体的班主任、父母联系,由他们督促其按时服用药物,共同实施心理干预。

物理治疗。重复经颅磁刺激治疗是一种重复使用脉冲磁场在颅外作用于局部中枢神经系统,改变皮质神经细胞的膜电位,使之产生感应电流,影响脑内代谢和神经电活动,从而引起一系列生理生化反应的治疗技术。

心理小贴士

轻躁狂

轻度躁狂症是躁狂发作时一类较轻的症状。轻躁狂的症状比较隐蔽,容易被患者及其家属忽视,也容易被门诊医生漏诊。春末夏初是轻躁狂发病的高峰期。

轻躁狂患者主要有以下表现。

语言增多。患者最突出的表现是变得话多,比以前健谈,而且常常主动找人聊天,跟陌生人"自来熟",说起话来滔滔不绝。患者言语间充满"正能量",过于乐观,自命不凡,甚至夸夸其谈,但注意力常常难以集中。

精力充沛。患者精力充沛。在工作、学习方面表现得很积极,主动做家务,帮助他人,对很多事情都感兴趣,动作迅速,整日忙忙碌碌,但做事往往虎头蛇尾。患者自我感觉精神状态好,难以平静,浑身是劲,即便晚上睡不好觉,白天也不觉得困。

易发怒。患者容易急躁、发脾气,让人感觉其要求多,稍有不顺就会发火。但是,患者不"记仇",很快就能转怒为喜。此外,患者还会花钱大手大脚,做事缺乏自制力,盲目投资,变得慷慨,经常送人东西,等等。

轻躁狂的诊断应由专业医生进行,通过详细的病史询问、精神检查以及必要的实验室检查来综合判断。轻躁狂患者可能对自己的病情缺乏认识,其家属和朋友的观察和支持也非常重要。轻躁狂如果不及时治疗,可能会发展为更严重的情感障碍,如躁狂症或双相情感障碍,因此及早识别和治疗至关重要。

05 强迫和强迫症是一回事吗？

案例导入

小强是一名追求完美的大二学生。父母对小强要求严格，生活各方面都要求他规规矩矩，不能有一点凌乱。高一时，每次英语考试的时候小强都会用2B铅笔反复涂答题卡，反复对照答案是否有误，导致无法做完题目。每次出去锁门的时候小强都要反复用手推拉门锁几次，然后再反复检查锁门的情况。刚开始锁门需要5分钟，后来慢慢发展到了10多分钟甚至20多分钟。进入大学后，他反复检查锁门的行为愈加明显。除了反复检查锁门情况外，他还会反复检查随身所带的东西是否丢掉或落下。反复检查确保不能出错好像成了他每天生活中的一部分，一方面，这让他很痛苦，感觉没有必要这样做；但是另一方面，如果不检查的话，他心里又会很担心。"万一出错怎么办""不会有事的"，两个声音经常在他脑海里争吵。

小强不敢一个人外出，每次出门都要至少提前半小时，否则就会迟到。为了解决这一困扰，他终于鼓起勇气找心理咨询师求助。

心理解读

在本案例中，小强的行为属于典型的强迫行为，强迫和反强迫交替存在，持续时间5年以上，严重影响了他的生活和学习，给他带来强烈的精神痛苦，达到了强迫症的诊断标准。

强迫症的定义。 强迫症是一种以强迫思维或强迫行为为主要临床表现的精神障碍，其特点为有意识的强迫和反强迫并存，一些毫无意义，甚至违背个人意愿的想法或冲动反反复复侵入患者的日常生活。

出现强迫症的原因。 强迫症的病因复杂，目前尚无定论，一般认为主要与心理、社会、个性、遗传及神经—内分泌等因素有关。小强的强迫行为可能与小强自幼的成长经历有关，如父母要求严格，生活中不能出任何差错，性格中有追求完美的特征，对自己和他人高标准、严要求的倾向。

强迫症的形成机制。 强迫症的这种精神活动过程在森田疗法中叫作"交互作用"。例如，有一个人特别害怕走夜路，本来这件事是正常的，有几个人不怕呢？可是这个人觉得这不正常，觉得自己这样太懦弱、太胆小，于是拼命地对抗这件事，想让自己坦荡无惧，一往无前。对抗的结果，就是越来越害怕。由于对抗的存在，症状和自己之间有了交互作用，导致症状得到强化。这个过程一定是痛苦的，强迫症就这样出现了。

应对之道

小强可以通过以下方法摆脱强迫行为。

暴露疗法。 暴露疗法是让病人暴露在各种不同的刺激性情境之中，使之逐渐耐受并能适应的一种治疗方法。其主要分为两类：一类是快速暴露法，又称满灌疗法；另一类是缓慢暴露法，即系统脱敏法。暴露疗法是治疗强迫症等神经症最常用的行为疗法，其治疗方式是使用与应激有关的诱发刺激（如商场、公共车辆、会场等），通过有步骤地反复暴露帮助病人取得适应进而消除病人的应激反应。研究表明，经暴露疗法治疗的患者其强迫症状均显著减少，且随访期间持续改善。一般认为，治疗专家控制暴露比自我控制暴露更有效，这可能是因为患者自我控制暴露的时间较短所致。如果治疗专家控制暴露联合自我控制暴露，则起效更快。

认知疗法。 认知疗法是以纠正和改变患者适应不良性认知为重点的一类心理治疗的总称。它以改变不良认知为主要目标，促使患者情感及行为发生变化，以促进心理障碍的好转。在强迫症的临床实践中，认知疗法通常与暴露疗法联用，且效果优于单用认知疗法。

心理小贴士

神经症

神经症旧称神经官能症，是非器质性的脑神经机能轻度失调的心理疾病。患者有强烈的心理冲突，并感到精神痛苦，力图摆脱却又无能为力。神经症是大学生常见的一类精神疾病，主要包括：

强迫症。强迫症是以明知不必要，但又无法摆脱，反复呈现的观念、情绪或行为，为临床特征的一种神经症。强迫症往往包括两类症状：强迫思维和强迫行为。强迫思维，比如有的患者脑海总是出现一些对立的思想、反复对树木进行计数、怀疑自己的行为是否正确等。患者明知这些想法毫无意义，但又非想不可，因此焦虑不安，非常痛苦。强迫行为，比如有些患者反复不断地洗手、反复检查门锁情况、反复检查有没有丢失东西等。

焦虑症。患者经常无端地感到心烦意乱、惶惶不安，甚至产生恐惧感。它不是由具体事物引起的某种焦虑情绪。焦虑症找不到引起焦虑的具体对象和理由。随着焦虑情绪的产生，患者常常伴有心悸、恶心、手脚发冷等症状。患者的注意力不能集中，几乎不能进行正常的生活。

神经衰弱。神经衰弱是神经症中最常见的疾病，在大学生中的发病率相对较高，严重影响大学生的精力，危害较大。其症状分为兴奋型、抑制型、兴奋—抑制型。兴奋型的症状是以兴奋为主，经常失眠。抑制型则以皮层抑制状态为主，终日昏昏欲睡，多眠而又不能解乏。兴奋—抑制型则两种症状共同具备。

恐惧症。恐惧症是指个体对某些事物或特殊情境产生十分强烈的恐惧感，这种恐惧感与引起恐惧的情境通常极不相称，患者自己也明知自己的恐惧不切实际，但仍不能自我控制，常见的恐惧症有社交恐惧症、广场恐惧症、对视恐惧症等。"社交恐惧"是大学生常见的恐惧症。

疑病症。疑病症主要临床特点是过分关注自己的健康或身体某一部分的完整性和功能，或者精神状态的改变，通常同时伴有焦虑和抑郁，但无其他精神病性症状，也无器质性病变存在。一般继发于某些躯体疾病如感染或者精神因素之后，或者受到谣言和不正确的卫生宣传的影响，以及对医学常识产生误解。

抑郁性神经症。抑郁性神经症是以持续的轻、中度情绪低落为突出表现的神经症。常伴有焦虑、躯体不适感和睡眠障碍，表现为悲伤、孤独感和自我贬低等。患者病前常具有抑郁人格特征，常在遭受心理刺激，如生病、考核不过关或失恋等后发病。

网络成瘾症。网络成瘾症亦作上网成瘾症、网瘾、网络依存症、过度上网症或病态使用电脑等，泛指过度地使用网络所导致的一种慢性或周期性的着迷状态，并对网络产生难以抗拒的再度使用的欲望。

06 失眠是睡眠障碍吗？

案例导入

苏苏是一名大二的学生，有睡眠问题史。她描述说自己从未真正睡好觉，入睡困难且经常一大早醒来。过去几年她尝试过服用一些药物帮助其入睡。进入大学后，苏苏的睡眠问题进一步恶化，通常每晚只能睡3~4个小时，经常躺在床上思考学校的事情，很难入睡。她早晨起床也非常困难，早上8点的课经常迟到，并且容易昏昏欲睡。苏苏的睡眠问题给她带来了很大影响，令她越来越抑郁和焦虑，和同学关系也越来越紧张，最终她被说服去寻求治疗。

安安是一名大学生，她从十几岁开始就有睡眠过多的问题。每当环境比较单调或乏味，或者自己不能活动时，安安就会睡着，这种情况可能一天之内会发生多次。因此，上课成了一个问题，除非课程非常有趣或生动，不然安安就会睡着。安安在寻求医生的帮助后，被诊断为突发性睡眠症。医生给安安开的药在一定程度上能帮她在白天保持清醒，安安说药物能减少睡眠突发但不能完全消除这个症状。

心理解读

睡眠障碍。我们一生有1/3的时间在睡觉，对大多数人来说，睡眠是一个恢复精力的过程。睡不好觉，第二天就会迷迷糊糊，如果再持续工作，我们会变得很易怒。研究表明，仅仅几天的睡眠剥夺就能影响我们思维的清晰程度。案例中的苏苏，连续几年没有睡过好觉，学业产生困难，人际关系变得很糟，身体健康受损。

睡眠问题会引起日常生活中的种种困难，反过来，心理障碍的一些常见困扰又会引起睡眠的紊乱。

睡眠障碍分为两大类，睡眠失调和睡眠异常。睡眠失调包括难以充分睡眠、试图睡觉时入睡困难、对睡眠质量不满（如整夜睡眠后仍不能感到精力得到恢复）。睡眠异常指睡眠过程中的异常行为或生理事件，如梦魇与睡行症。

确定一个人是否有睡眠问题的方法之一，是观察其睡眠后的结果，即清醒时的行为。例如，如果你晚上需要90分钟才能入睡，但是并不感到干扰且在白天精力充沛，那么你没有睡眠问题。如果你的一个朋友也需要90分钟入睡，但这引起了他的焦虑且第二天感到困倦，那么就可视为具有睡眠问题。从某种程度上讲，这是一个主观的判断，部分依赖于个人对这种情况的认识以及反应。

单纯性失眠。失眠是睡眠障碍之一，事实上它包括多种问题。如果人们出现下列问题即被认为患有失眠：晚上入睡困难（睡眠初始困难），频繁或过早睡醒且无法继续入睡（睡眠保持困难），睡眠时间合理而第二天仍感到休息不够（非恢复性睡眠）。

苏苏的症状符合单纯性失眠的诊断标准。单纯性失眠表示失眠问题与其他生理或精神病理学问题无关。但事实上，睡眠问题与心理障碍容易重叠，如焦虑与抑郁。缺少睡眠使人感到焦虑，而焦虑又进一步干扰睡眠，这又使人更加焦虑。因此，不太可能找到只有简单睡眠障碍而没有其他相关问题的人。

单纯性嗜睡。失眠指睡眠不足，而嗜睡则指睡眠过多，许多人睡眠后第二天还会多次睡着。对嗜睡的诊断标准不仅包括安安所描述的过度犯困，还包括个人对这一问题的主观看法。安安认为她的嗜睡对她有很大干扰，因为这影响了她在课堂上集中精力。嗜睡使她的学业受到影响，并令她感到不安，这两者都是这种障碍的定义性特征。有嗜睡症状的人整晚都睡得很好且在醒来时精力充沛，但他们仍然抱怨白天时过度疲乏。

突发性睡眠症。突发性睡眠症是另一种形式的睡眠问题，除了白天的困倦，患突发性睡眠症的人还会发生猝倒，即突然失去肌肉控制。猝倒一般在人清醒时发生，从面部肌肉的轻微松弛到身体完全跌倒，持续数秒钟至数分钟，猝倒发生在强烈的情绪之后，如愤怒或喜悦。设想一下，当你正在为你最喜欢的球队喝彩时突然睡着，当你正在与朋友争论时突然跌倒在地板上熟睡，你可以想象这种障碍是多么恼人。

失眠的原因。失眠与多种身体及心理障碍有关，包括疼痛与身体不适，白天活动不足以及呼吸问题。有时，失眠与生物钟及其对体温的控制有关。晚上无法入睡的人可能具有延迟的体温节律，他们的体温并未下降，且直到半夜才感到困倦。失眠患者的体温似乎比睡眠良好的人更高，且波动更小，体温波动的缺乏可能对睡眠有所影响。

其他影响睡眠的因素包括药物使用以及各种环境因素，如光线的改变、噪声或者温度。住院的人经常发生睡眠困难，原因是噪声以及与家中不同的日常事物。睡眠呼吸暂停或周期性四肢动作障碍，都可能导致睡眠中断且与失眠非常相似。各种心理压力也会干扰睡眠。

另外，失眠患者可能对他们需要的睡眠有不客观期望（我需要完整的8小时），并对睡眠不良有不实际的估计（如果我只睡了5小时，就无法思考或者工作）。

有人可能在生理上更易受到睡眠干扰的影响，这种易感性因人而异，范围可以从轻微到严重。例如，一个人可能睡得很轻（晚上很容易被叫醒），或者具有失眠、嗜睡、呼吸阻塞的家庭病史，所有这些因素可能最终引发睡眠问题，这些影响被称为易受干扰条件。

生理易感性可能会与睡眠压力相互作用。睡眠压力包括一系列对睡眠产生负面影响的事件。例如，不良睡眠习惯（如饮用过量酒精或咖啡因）会对睡眠产生干扰。时差会对睡眠模式产生干扰。服用非处方睡眠药物会使失眠反弹，即睡眠问题反复，有时还会恶化（停止服药后出现），反弹使得人们认为自己仍然具有睡眠问题，从而再次服药，不断周而复始。其他一些对抗睡眠不良的方法也可能会使问题持续。例如，因为睡眠不足通过白天打盹得到补偿，而这又会干扰晚上的睡眠。焦虑也会使睡眠问题更严重，躺在床上时考虑学业、家庭问题、人际关系等，都会影响睡眠。

应对之道

当入睡变得很困难，频繁地醒来或者睡眠并没有使我们很好地恢复精力与体力，我们就需要接受治疗。

药物疗法。一般对于失眠最常见的疗法是药物治疗。受失眠困扰的人在药剂师的指导下可以服用相关药物。短效药物（只引起短暂的睡意）相比于长效药物更受欢迎，因为有时长效药物的作用会持续到第二天早晨，并使患者在白天有嗜睡反应。患者若服用短效药物出现如日间焦虑等副反应时则应选择长效药物。失眠的药物疗法有一些缺点：第一，某些药物容易引起过度嗜睡；第二，患者容易对药物产生依赖并且很容易在有意无意间错误地使用它们；第三，这类药物只适用于不超过一周的短期治疗，长期使用将导致依赖性并且会引起失眠症状的反弹。由此，尽管药物治疗可能对那种在短期内可以自我恢复的睡眠问题（如因住院治疗引起焦虑而产生的失眠）很有帮助，但是对长期的慢性睡眠问题则不适用。

环境疗法。因为药物作为一种基本的睡眠问题的治疗方式并不被广泛地接受和提倡，所以一些帮助人们重新恢复睡眠节律的方法经常被尝试。有研究认为，推迟睡眠时间要比提前睡眠时间容易。患者最好通过每夜晚睡几个小时直到睡眠时间达到期望值，以重新调整睡眠模式。这个治疗过程的一个缺点是患者需要在其中几天白天睡觉，这对需要遵守一定作息规律的人来说是很难的。另外，对利用光照以诱导大脑重新设定生物钟来解决睡眠障碍问题进行研究，其研究结果表明，很强的光照可能会影响存在生物钟问题的人，可以利用其帮助他们调整睡眠模式。

心理疗法。通过使用药物促进人们睡眠的局限性导致了心理疗法的发展。不同的治疗方式针对不同的睡眠问题，如放松疗法能够减轻阻碍人们在夜间入睡的生理紧张。一些人表示，对于工作、人际关系还有其他一些情况的焦虑，使他们难以入睡或使他们在半夜醒来，认知疗法被用来解决这类问题。研究表明，一些针对失眠的心理疗法会比其他的一些治疗失眠的方法更加有效。心理治疗师对苏苏采用了一系列治疗方法，例如引导她将睡眠时间减少到大约4小时（睡眠限制），而这正是她在夜间的实际睡眠时间，当她能安然入睡时，再将这个期限逐渐延长；另外要求她在床上的时候不要做任何的功课，并且如果在15分钟内仍不能入睡就离开自己的床（刺激控制）；还有改变她对自己这个年龄的人足够睡眠量的不切实际的期望（认知疗法）。经过3周的治疗，苏苏的睡眠时间增加（从每晚睡4~5小时增至6~7小时），睡眠中的干扰也减少了，她早晨感到神清气爽，白天体力更加充沛了。

预防睡眠障碍。睡眠专家认为，遵照睡眠卫生学，在生活方式上做出改变可以有效避免一些人产生失眠问题。他们认为，主要是让大脑自然地进入睡眠状态以克服失眠，改掉那些会影响我们睡眠的生活习惯。例如，建立每天按时睡觉并按时起床的规范作息，可以使夜晚入睡变得更容易；避免有刺激性的咖啡因与尼古丁的摄入可以防止夜晚易醒。

我们可以参考以下方法，养成良好的睡眠习惯。

1. 建立一套规范的睡前工作安排。
2. 按时睡觉并按时起床。
3. 睡前6小时避免摄入含有咖啡因的食物和饮品。
4. 限制烟草与酒精的用量。
5. 在睡前饮用牛奶。
6. 平衡饮食，减少脂肪的摄入量。
7. 只在困的时候上床，并且如果在15分钟内无法入睡就起床。
8. 在睡前几小时内不要锻炼或剧烈运动。
9. 制订每周白天的锻炼计划。
10. 限制在床上的活动以帮助睡眠。
11. 减少卧室内的噪声与光照。
12. 在白天应尽量多地与大自然及阳光接触。
13. 避免卧室内剧烈的温度变化（如过热或过冷）。

心理小贴士

失眠症的心理疗法

睡眠治疗	描述
认知	这种方法的重点在于改变患者对睡眠不切实际的期望与想法（"我必须每晚睡至少8小时"，"如果我的睡眠不足8小时我会生病的"）。通过提供给患者关于正常睡眠量和人们对于错过睡眠的补偿能力这类话题的相关资料，可以改变人们对睡眠的态度与概念。
认知放松	一些人在难以入睡时会变得焦虑、紧张，这种方法通过冥想与想象来帮助人们在上床时间还有半夜醒来后放松。
逐步消退	这种方法专门针对那些在上床睡觉时乱发脾气、经常在晚上哭闹醒来的孩子，它要求父母确保孩子睡眠的时间逐步变长，直到孩子可以自己安然入睡为止。
反向意图	这种方法要求患者做出与其本意图相反的行为，通过让失眠者躺在床上并尽自己所能坚持住不要睡着，来减轻因为努力想要睡着而带来的紧张焦虑。
逐渐放松	这种方法是通过放松全身的肌肉以帮助人们产生睡意。

第二篇
知晓情绪懂我心

07 情绪有好坏之分吗？

案例导入

薇薇今年20岁，是一个自信、阳光的大三女孩，她社交广泛且热爱户外运动。薇薇每次在社交媒体上晒出的照片都是灿烂可人的，所记述的文字也充满着积极向上的力量，可以说是人见人爱的姑娘。最近薇薇家里出了点事，爸爸妈妈在闹离婚，她回家之后再返校时，情绪低落了很多。但是薇薇习惯了在众人面前表现出开心、美好、乐观向上的一面，她觉得烦恼、焦虑、害怕、难过，都是不好的情绪，不应该表现出来，所以她一直藏着、憋着，没有显现出什么异样，室友们也都没有发现。终于有一天薇薇扛不住了，失眠、抑郁，什么事情都做不了，她病倒了。

薇薇为什么会生病呢？她应该怎么做才好呢？

心理解读

在这个案例中，薇薇把情绪分为好情绪和坏情绪，好情绪就表达出来，坏情绪就藏起来，因为不认可自己的消极情绪，薇薇在人前表现出无恙的状态，其实内心承受着痛苦。

那么情绪有好坏之分吗？薇薇这样做对不对呢？我们来看看情绪的概念和意义。

情绪。 emotion（情绪），来源于它的同根词motion（运动），所表达的意思是情绪能够在我们体内运行，甚至可以成为我们的动力。情绪有始有终，但它们比稍纵即逝的感觉时间要长一些。心理学家认为，情绪不仅包含主观感受，是对一系列主观认知经验的通称，而且还包含生物学唤起的特殊形式——思想和行为，是多种感觉、思想和行为综合产生的心理和生理状态。最普遍、通俗的情绪有喜、怒、哀、惊、恐、爱等，也有一些细腻微妙的情绪如嫉妒、惭愧、羞耻、自豪等。情绪常和心情、性格、脾气、目的等因素互相作用，也受到激素和神经递质影响。

一般来说，情绪的产生包含5个要素，分别是发生的事件、对事件的认知、主观感受、身体反应和行为表现。比如，薇薇知道爸妈闹离婚（事件），意识到家要分裂（认知），感到烦恼、焦虑、害怕、难过（主观感受），她觉得胸口憋闷、头痛、四肢无力（身体反应），于是躲避他人、坐立不安（行为表现）。

有时候，我们的主观感受并不明显，但身体反应可能会"出卖"自己的情绪，比如胃口不好、睡眠质量下降等，这些都是情绪带来的身体反应。因此，我们要学会静下来与自己对话，从多方面觉察和识别情绪体验。

积极情绪和消极情绪。情绪没有好坏之分，由情绪引发的行为或行为的结果有好坏之分。根据情绪所引发的行为或行为的结果，情绪被划分为积极情绪、消极情绪两大类。

积极情绪也叫正性情绪或具有正效价的情绪，是个体需要得到满足而产生的伴有愉悦感受的情绪，是积极的、正性的一种体验，它使个体处于一种乐观、愉悦的状态，还有助于消除个体诸如焦虑、抑郁、悲伤等消极的情绪。

消极情绪也叫负性情绪或具有负效价的情绪，是在某种具体行为中，由外因或内因影响而产生的不利于个体继续完成工作或者正常思考的情感，与积极情绪相对，包括悲伤、愤怒、焦虑、抑郁、痛苦、恐惧、憎恶等。

消极情绪的产生是因人因时因事而异的，产生的原因有：对"应激源"产生的反应；在工作、学习或生活中遭受了挫折；受到了他人的挖苦或讽刺；莫名其妙的情绪低落；等等。长期的消极情绪会给个体带来众多身心问题。

积极情绪和消极情绪的进化意义。积极情绪与消极情绪是相对而言的，正确看待积极情绪和消极情绪的作用非常重要。

从进化起源来说，积极情绪是一种行为接近系统，它促使有机体接近带来愉悦的情境，帮助有机体获得生存所必需的资源，如食物、住所和配偶。相反，消极情绪是行为禁止系统中驱动回避的一种成分，它的功能在于发动回避行为，禁止接近行为，以便保护有机体避开可能遭遇危险、疼痛或惩罚的处境。

所有的情绪，不管是消极的或是积极的，都对我们人类意义重大，因为它们为特定的行为产生驱动力。消极情绪是我们应对外界威胁的一种反应，它保护我们更好地生存下去；而积极情绪让我们在安全的环境下变得开放，获得更多的社会支持，变得更有创造力，让我们活得更好。

但是无论是积极情绪，还是消极情绪都要保持在一定的范围之内，对于高强度的消极情绪，我们需要处理和治疗，对于过度的积极情绪，同样也要调节和管理，这样才能保持身心健康，更好地适应社会。

应对之道

薇薇认为好的情绪就可以表现出来，不好的情绪就应该要藏起来，殊不知，消极情绪压抑积累的后果很严重。那薇薇应该怎么做呢？

不对消极情绪作评判。薇薇对情绪有一个好坏的评判，她对消极情绪是回避和拒绝的。但是，每一种情绪都是我们内心世界对事情最真实的反应，它都有其存在的意义和价值，情绪没有好坏之分。即使是消极情绪，也只是给我们带来了一些不愉悦的感受，有些消极情绪也有一定的正向意义。薇薇的"害怕""难过"表明她对家的珍惜；"烦恼"说明她对爸妈分开的不愿意，期待解决的办法；"焦虑"表明她对事情的重视、谨慎，事情有望做得更好。所以，我们不要随便给消极情绪贴好坏标签，只需客观地观察和感受自己当下的情绪状态，这就是觉察情绪。

接纳自己的消极情绪。接纳即是尊重、理解和允许。知晓自己的情绪体验是正常的，知晓消极情绪并非一无是处，也具有积极意义，不要以"厌恶、拒绝、压制"的态度对待它，坦然接受，承认它是自己真实的一部分，学会以更加开放、接纳、拥抱的态度对待它，允许它存在。可以将消极情绪想象成一个拜访我们的客人，它不会一直待在我们家里，只是暂时来访。当它来的时候，我们可以问候它、迎接它，与它平和地说话、聊天，然后看着它离开。当我们改变对消极情绪的态度后，它对我们的态度也会自然发生改变，这时消极情绪带给我们的困扰就会减少。

表达消极情绪。感受消极情绪，接纳消极情绪，还可以试着去表达消极情绪。消极情绪一旦表达出来，它的强度就会下降，对我们的影响也会减少，慢慢地我们就能度过危机。表达的方法可以有：难过时大哭一场，也可以写日记，还可以去亲近大自然，做一些运动、冥想，让身体放松，等等。

主动向外寻求帮助。要善用社会支持系统，及时找父母、老师和朋友倾诉或寻求帮助。必要时可以拨打心理援助热线或走进心理咨询室，通过专业的支持帮助自己渡过难关。

心理小贴士

微笑抑郁症

用阳光开朗的外表来压抑内心的焦虑和负能量，被称为"阳光抑郁症"或"微笑抑郁症"，就是在他人面前表现得很开心，内心却有着抑郁的症状。

微笑是美好的，但是对微笑着的抑郁症患者来说，"微笑"的意义已经在根本上发生了变化。微笑变成了一种防御机制，用来隐藏低落的情绪，它不再是一种表达自己内心喜悦的自然流露，而是逐渐变成了对内心悲伤的掩饰，保护自己免受他人的怀疑，假装"一切都好"。

"微笑抑郁"者有很多抑郁症的症状：焦虑、疲惫与绝望，失眠，丧失兴趣与性欲，甚至有自杀倾向。和典型抑郁症不同，"微笑抑郁"的患者并不是每天缩在床上，丧失与人交往的能力，而是拥有比较好的社会功能，甚至令人误以为社交能力比普通人更好。因此，很多人在家人出现异常行为或者自杀时，都感到震惊或者难以置信。

"微笑抑郁"的风险在于，患者的抑郁不但很难被身边的人感知到，有时候就连本人也难以发觉自己得了抑郁症。当他们感知到那些"不对的"情绪时，有时会想，"我好像活得不像自己，感到非常空虚，但也没什么不对劲的"，他们只是把自己的情绪放到一边，不去处理，继续前行。但当积压的情绪一旦涌上心头，就很容易酿成惨剧。

08 怎样增加积极情绪？

案例导入

场景一：阳光透过窗帘照进寝室，小宇一觉醒来，发现已经快8点了，"糟糕，昨天赶作业睡得晚，手机没电了，早上闹钟没响，今天有早课，又得迟到了！"小宇急急忙忙洗漱，心里直埋怨室友也不叫下自己，不免有些生气。匆匆赶到教室后，小宇发现笔记本没带，没法做笔记了，真是屋漏偏逢连夜雨，沮丧啊！下课后，小宁找到小宇说，"好消息，我们报的课题通过初审了，老师要我们在48小时内好好修改一下，再上传最终稿！"小宇刚刚挤出的笑容消失了，"哎哟，就只有两天时间啊，还要修改，这也太紧张了，我们能完成吗？"焦虑顿时涌上心头。

场景二：阳光透过窗帘照进寝室，小宇一觉醒来，发现已经快8点了，"糟糕，昨天赶作业睡得晚，手机没电了，早上闹钟没响，今天有早课，又得迟到了！"小宇急急忙忙洗漱，心想：睡过头了说明昨晚睡眠不错，而且下了这么多天雨今天天晴了，阳光不错，洗漱完就往教室赶吧，实在

迟到了和老师道个歉、解释一下。室友们赶早课也都是紧张的，可能也没想到自己会睡过头吧。匆匆赶到教室后，小宇发现笔记本没带，没法做笔记了，于是向同学借了几张作业纸，打算先记下来晚上再补。下课后，小宁找到小宇说，"好消息，我们报的课题通过初审了，老师要我们在48小时内好好修改一下，再上传最终稿！"小宇笑了，"果然是个好消息，前面的努力没有白费，接下来我们好好努力，分工合作，争取申报成功！"

你觉得哪个场景中的小宇会在接下来的两天中，心平气和、心情愉快地顺利完成课题申报任务呢？

心理解读

我们对比上面两个场景，相同的是：小宇早上睡过头，早课要迟到；上课又忘带笔记本没法做笔记；听到课题通过初审的好消息，需要在48小时内完成修改。不同的是：场景一中小宇着急、生气，埋怨室友，沮丧、焦虑，接下来的学习容易心浮气躁，对与同学合作修改课题也不是那么有信心，有可能导致课题申报的修改不太顺利；场景二中小宇注意到天气变好，自己睡眠质量好，对于已发生的不利事情会积极应对和弥补，能换位思考，不埋怨室友，没带笔记本也会赶紧想办法解决，不会影响下一步的学习，对于课题的阶段性进展及时肯定自己、鼓励自己，和团队成员全心投入课题修改任务。

场景一中的小宇表现出更多的消极情绪，容易被消极情绪影响而产生恶性循环；场景二中的小宇及时察觉到自己的消极情绪后，调整、保持了一定的积极情绪，他接下来的学习生活更容易恢复到一个良好的状态。

接下来，我们一起来了解一下积极情绪包括哪些，它们有什么作用。

积极情绪并不是说我们应该"逆来顺受"或是"乐而忘忧"，积极情绪的范畴很广，它包括诱发积极情绪的乐观态度以及由此带来的开放的思想、柔和的性情、放松的肢体和平静的面容，它甚至还包括积极情绪对个性、人际关系、社区团体和周遭环境的长期影响。

积极情绪并不仅仅是快乐、开心或喜悦，它有很多种形式，在《积极情绪的力量》一书中划分了积极情绪的十种形式：喜悦、感激、宁静、兴趣、希望、自豪、逗趣、激励、敬佩和爱。这十种积极情绪就像调色板上的十种色彩，它们让我们的生活多姿多彩。

喜悦。喜悦是在安全而熟悉时产生的，顺利、惊喜、奖励等都会带来喜悦，它的感觉明亮又轻松。

感激。感激是感谢他人为你做的好事，并由衷地、自发地，喜悦和赞赏地去予以回报。

宁静。宁静和"喜悦"相似，但更为低调和绵长，是一种沉静，是一种聚精会神的状态。

兴趣。兴趣是被新颖的或奇怪的事物吸引时，带着好奇和兴奋去探索未知，接纳新的观点。

希望。希望往往在绝望中产生，它让人们有勇气和动力去发掘内心深处的能量，相信事情能够好转，激励潜力和创造力来扭转局面。

自豪。自豪是为一些好事情"负责"，它在我们投入努力并取得成功时产生，我们渴望被他人肯定，与他人分享，它让我们有继续前行的动力。

逗趣。逗趣即幽默，它是在安全和轻松的情境下，通过分享快乐，与他人建立联系，让生活充满乐趣和生机。

激励。激励是在你发现了真正的卓越、人性的美好时产生的，它激发你自身追求真善美，实现自我超越。

敬佩。敬佩是"激励"的升华版，当面对自然或人类的奇迹时，个体会被伟大彻底征服，产生敬畏之心。

爱。爱是人类最常体验到的积极情绪，但它的成分最为复杂，它不是一种单一的积极情绪，爱是多彩的，常常融合了上述的九种积极情绪。

从欣赏到热爱，从欢快到喜悦，激励、敬佩和自豪……积极情绪带来的愉悦状态比我们想象的强大得多。积极情绪带给我们什么？

积极情绪能扩展认知范围，提高认知灵活性。积极情绪能够扩大个体的注意范围，使思维更开放更灵活，使人更富有创造性，个体在解决问题时更加灵活、完整、有效，决策更全面。

积极情绪能建构个体资源。积极情绪能够建构个体的资源，包括身体资源（如身体技能、健康）、智力资源（知识、心理理论、执行控制）、人际资源（友谊、社会支持网络）和心理资源（心理恢复力、乐观、创造性）。积极情绪能够促进互助、友好行为，密切人际联系，扩大人际资源。积极情绪能够提高应对水平，促进社会适应。

积极情绪能消除消极情绪体验，提高应对压力的能力。 人们在日常生活中总是不可避免地遭遇消极情绪。极端、持续时间过长、与情境不相宜的消极情绪会为个体或社会带来一系列问题。积极情绪能够撤销消极情绪导致的各种心血管活动的激活状态，使其恢复到正常的基线水平。

积极情绪能帮助我们创造最佳的生活状态。 积极情绪能渗入我们的脑海和视野、心率和身体反应、肌肉紧张度和面部表情，它带给我们开放的思想、柔和的性情、放松的肢体和平静的面容，帮助我们创造最佳的生活状态，改变着我们的身心，甚至影响到我们的资源和人际关系。积极情绪以独特的方式，让我们的生活更有活力，让我们体验到更多的幸福，创造更多的幸福。

应对之道

我们在生活和学习中，常常会遇到不如意的人或事，我们可以像场景二中的小宇一样，及时调整自己的情绪，保持平和、积极向上的心态，从而更好地投入学习和生活，获得满意的体验。下面是一些增加积极情绪的方法。

积极赋义。 提升积极情绪的一个关键途径就是，要在日常生活情境中更加频繁地找到积极的意义。生活中所面对的大多数情况都不是百分之百糟糕的，所以，我们始终有机会发现好的方面，在当前的情境中诚实地强调积极意义。当我们将不愉快甚至是悲惨的情况以积极的方式重新定义时，就提高了积极情绪。

品味美好。 学会品味日常生活中小事的乐趣，保持对快乐体验有意注意，放大自己感受到的积极情绪。有以下五个具体的做法：

1. 与别人分享你的体验，告诉别人你是多么珍惜那一刻的感受；

2. 建立快乐的记忆，让愉快的场景在头脑里留下深刻的印象，或是将其及时记录下来，保存美好的瞬间；

3. 自我祝贺，例如在一场成功的演出之后告诉自己你给别人留下了多么深刻的印象，为这一刻的来临你期盼了多久；

4.让知觉更敏锐，专注于一些元素而忽略其他元素，例如闭上眼睛听音乐，全身心投入音乐的境界中；

5.全神贯注，完全沉浸在一件事中，不提醒自己还有别的事应当做，只想当前的事下一步怎样做得更好。

如果能以这样细致的态度去品味日常生活中每一个平凡的时刻，那么积极情绪就会无处不在。

学会感激。对生命中的一些幸福、幸运的事表达感激能够增加积极情绪，提升幸福感。研究表明，在回忆和记录感动的人、感谢的事之后，个体的积极情绪会显著地增加。感激使人联想到生活中的积极体验和愉快经历，这样个体能够从现状中获得最大的满足感，不再认为生活中那些幸事是理所当然的。感激还能够抑制妒忌、贪婪、愤怒、痛苦情绪的产生，使人以更加豁达的心胸去面对生活。

付出善意。你可以对他人付出善意，并对每一个善意的举动都保持日常的统计时，你的积极情绪也将大大地提高。通过固定时间来做一些好事，例如每周或每月从事志愿者工作，都能够产生很多的积极情绪。科学研究表明，帮助他人能使自己长寿。

利用优势。找到个体最显著的天分、爱好、特长，去参加与之相关的活动，在日常生活中更多地运用自己的特长，会拥有更多的积极情绪。例如一个创造力强的人，会去参加陶艺班、摄影班、雕塑班、绘画班等。根据马斯洛的需要层次理论，人人都有自我实现的需要，当一个人充分发挥出自己的潜能时会产生极大的喜悦、自豪、满足的情绪。

亲近自然。自然环境与社会环境一样重要。因此，提高你的积极情绪的另一种非常简单的办法，就是到大自然中去。更确切地说，就是在春光灿烂的好天气里外出。研究表明，每一个在好天气里外出的人，都表现出积极情绪的增长和更加开阔的思维。

积极运动。参与体育运动不仅能够增强体质，还能够改善人的心情。许多工作压力大的人都将运动作为一种休闲放松的方式，如散步、打球、跳拉丁舞、做瑜伽、爬山等。运动不仅可以增强体质、塑造体型，更重要的是可以改善心情，培养积极情绪。研究表明，经过30分钟的有氧运动，个体的积极情绪呈上升趋势，消极情绪呈下降趋势，这一心理效果至少持续到运动后60分钟。

心理小贴士

建立积极情绪档案袋

将那些在你和每一种积极情绪之间创造出联系的事物和纪念品放到一起,装进一个档案袋里。

把每种情绪做成一个项目,就好像是你在为一门课程完成一项作业。

档案袋中可以包含照片、信件、名言,或者对你而言带有深刻个人意义的物品。档案袋可以是一个简单的文件夹、小盒子、小型的剪贴簿、电子相册等。

投入你的时间完成作业,关于喜悦,关于感激,如此类推,直到你完成关于爱的那一项。

不要急于完成这个过程。品味和享受它!

09 为何一言不合起冲突？

案例导入

小刚今年18岁，是一名大一的男生，性格直爽，敢说敢做。一天他去校园超市买生活用品，手机支付后他就转身离开，但店主一把抓住他，说没收到钱，小刚马上出示付款页面，但店主查看手机后仍表示没有收到钱，并且讥讽他没钱买东西想占便宜。小刚一怒之下，挥拳打向店主，店主个子小躲闪不及被揍了好几下，脸上手上都有淤青红肿，周围人赶紧上前制止并报警。

事后了解到，因为网络延迟的原因，店主几分钟后才收到钱。小刚也因此被学校处分，为此他后悔不已。

为什么小刚一言不合就起冲突了？有什么办法能帮助他克服冲动吗？

心理解读

大学生正处在容易冲动的年龄，一是因为对周围人或事比较敏感，易触景生情；二是情绪表现具有外显性，如喜怒哀乐等情绪都写在脸上，暴戾行为也会表现出来。我们常说，"冲动是魔鬼"，在这个案例中，小刚因为被店主质疑、误会和讥讽，没有控制住自己的冲动，与店主发生了肢体冲突，所幸周围人及时制止，事态没有进一步扩大，但也造成了不良的后果。在日常生活中，误会、冲突在所难免，但我们应及时察觉情绪的变化，克服冲动情绪，理性行事。

情绪是流动的。有这样一个故事：一个男人早上起床没找到拖鞋，有点恼火。但他没注意到自己在生气，他去卫生间洗漱，这时候生气的情绪一直在生长。他刮胡子时，一不小心将剃须刀掉在了地上，捡起来时不小心又掉了，他心情很糟，但他不能对剃须刀发脾气啊。他走出卫生间，了解到孩子昨天的作业没有完成，于是他大发雷霆，打了孩子一巴掌。他老婆觉得莫名其妙，于是他们吵了起来。男人摔门而出，开车上班去办公室。但最后他没到达办公室，因为他在路上出车祸了。

情绪像河流，一个小念头接着一个小念头，会持续往前走。如果没有及时观察，这条河流会汇聚越来越多的小溪流，当小溪汇聚成大河，力量就势不可挡。情绪也是如此，一旦爆发，无法控制，势必伤人伤己。所以情绪应尽早察觉，及时处理。

如果每经历一件事情，我们能观察到自己情绪的变化，及时处理，后面的事情就不会发生。如果小刚发现自己因为店主的质疑、讥讽生气恼怒了，及时调整自己的情绪，对其耐心解释、平静对待，冷静下来可能就会想到是因为网络的原因，那么再耐心等待几分钟，误会自然就能得到消除，一场冲突就能避免。

情绪发现得越早，自己越有能力处理。发现得越晚，情绪会积累得越厉害。所以，情绪不是靠控制解决的，而是靠观察。只要自己察觉到情绪，观察情绪，及时调整，情绪会自然消失。

古人云，合抱之木，生于毫末；九层之台，起于累土。我们搬不动九层之台，但可以很容易处理掉一小块垒土；我们折不断合抱之木，但我们可以很容易折断一棵小树苗。处理情绪也是如此。

坏情绪会传染。一位父亲在公司受到了老板的批评，回到家就把在沙发上跳来跳去的孩子臭骂了一顿。孩子心里窝火，狠狠去踹身边打滚的猫。猫逃到街上，正好一辆卡车开过来，司机赶紧避让，却把路边的孩子撞伤了。

这就是心理学上著名的"踢猫效应"，它描绘的是一种典型的坏情绪的传染，每当人们处于愤怒不满的情绪中时，会倾向于向弱于自己的对象发泄。

多种压力的存在使得一些消极情绪被积压，一旦出现导火索，人们就会不小心陷入踢猫效应中，甚至深受其害。经了解，前文案例中的店主之前与妻子发生了不愉快的争吵，因此在没及时收到小刚的收款时忍不住讥讽，激怒了小刚，引发了小刚的冲动行为，导致了恶性循环。

身心会互相影响。身体和心理会互相影响，一方面，情绪会影响身体，研究表明愤怒的情绪，会让人血压升高，心跳加速，所以容易发怒的人会增加患心血管疾病的风险，中医也说气大伤身。另一方面，情绪也受身体影响，身体不好的人往往更容易被激怒，难以控制自己的情绪。

应对之道

日常学习生活中我们如何保持良好心态，克服冲动，避免冲突行为的发生呢？

及时察觉情绪。察觉情绪的能力就是一种觉知力，是以一种特定的方式保持注意，以完全的意识，不加评判地关注自己的内心体验，客观地观察和感受自己的内心体验。察觉包括：识别自己的情绪是什么，观察自己的身体有什么反应，试着给自己的情绪强度评分，此时浮现出的真实想法是什么。

如果小刚在自己一生气时就有察觉，就可以及时提醒自己冷静、理性，并意识到生气的后果，从而温和、耐心地和店主解释，即使店主讽刺挖苦他也保持心平气和，那么后面的冲突事件就不会发生。

养成积极、乐观、平和的心态。在平时的生活和学习中，我们就要督促自己养成看问题全面客观多视角，遇事不急不躁，从容应对，对人尊重、谦和有礼、不卑不亢。如果小刚的心态乐观平和，在发现店主讥讽挖苦时，能站在对方的角度，想着店主可能因为没有收到钱着急，并且有可能因为其他事件而带有情绪说话，那么小刚就不会轻易动怒了。随着我们的成长，好的心态会成为一种习惯，融入我们的个性，我们处理突发事件时就能应对自如。

适时、适当宣泄不良情绪。人的情绪累积到一定程度而得不到释放时，会留下隐患。比如这位店主，他因为心里积累的怨气和不舒服，轻易怼人，最后激怒了小刚，导致两人发生了不愉快。所以，我们也非常需要适时、适当地宣泄内心的不良情绪，可以考虑向朋友倾诉，适当运动，如爬山、打球、旅游，也可对着山谷呐喊，还可借助一些供发泄情绪的东西如发泄球、发泄枕头等，再或者找心理咨询师进行咨询，这些都能起到帮助发泄不良情绪的作用。

架起沟通的桥梁。小刚和店主的争执，是因为小刚通过手机完成了支付，而店主却坚持说没收到而产生的。误会产生的原因是网络延迟问题，网络延迟已成客观事实，这跟两人原本都没有关系，但两人却没有好好沟通。小刚是年轻的大学生，比较懂网络科技，那么他可以和店主这样解释："可能是网络的原因，让到账时间有所延迟了，稍等下。"如果两人再等待两分钟，或者检查下网络，那么冲突也就不会发生了。这个案例充分说明沟通的重要性，我们一定要在保持情绪平和的前提下积极沟通，多换位思考，倾听对方的心声，冷静处理事件，避免冲突事件的发生。

心理小贴士

冲动型人格障碍

冲动型人格障碍是一种因微小精神刺激而突然爆发非常强烈而又难以控制的愤怒情绪，并伴有冲动行为的人格障碍。冲动型人格障碍又称爆发型或攻击型人格障碍。由于发作过程中具有突发性，类似癫痫，故它又叫癫痫型人格。这种人在童年时就有所表现，往往因细小的事就会突然爆发强烈的暴力行为，自己控制不住自己，从而造成破坏和伤害他人。

10 如何摆脱悲观反刍？

案例导入

今年大四的琪琪被分到一所中学实习，指导老师给每位同学都分派了很多任务，跟班早读、带班管理、完成教学任务、参与教学研讨、撰写教学研究报告等，这些任务她完成得特别吃力。琪琪每天天刚亮就出发赶地铁，天黑了才能回到宿舍。一天下来，琪琪感觉特别疲惫，工作效率也很低，任务总是完成不了。她开始怀疑自己，觉得自己能力特别差，适应不了，因此脾气也越来越差，心情越来越糟糕。在大家的建议下，沮丧、疲惫、焦虑的她，走进了学校的心理咨询室。

我们有什么办法帮助琪琪？

心理解读

乐观从何而来？ 关于乐观，有两种不同的观点。一种认为乐观是一种气质，是先天存在的，另一种则认为乐观是可以后来学习的。积极心理学之父塞利格曼等人认为，乐观是一种习惯性的解释风格，是个体对成功或失败进行归因时表现出来的一种稳定倾向，而不是普通的人格特质。天性论与学习论其实并不冲突，天性论强调乐观是一种稳定的人格特质，注重个体对未来事件的总体期望，而学习论是以解释风格为切入点，偏重对现在和过去事件的归因解释，强调乐观主义解释风格的认知功能。两种取向的融合才能更好地从时间维度上来理解乐观的价值。

解释风格。解释风格是个体对成功或失败，即为什么这件事会这样发生的习惯性解释方式。解释风格分为乐观解释风格和悲观解释风格。

解释风格从三个维度来解释事件的发生：

1.时间维度，事件发生是暂时的还是永久的；

2.空间维度，事件的发生是普遍的还是特定的；

3.人格维度，事件发生是因为自己——内在化还是他人——外在化。

当一些事情发生时，我们的解释风格，造就了我们每个人处理问题的方式方法，对待问题的具体做法以及对未来的预期。面对失败，乐观解释会让我们认为失败是有原因的、是暂时的，不是自己的错，它是一种挑战，以后要更努力地去克服它。悲观解释则让我们觉得失败是自己的错，自己无能为力，就此一蹶不振。

本案例中的琪琪，对实习事件的解释就是悲观解释，觉得自己能力差，无法完成任务，适应不了实习工作，怀疑自己。这种习惯性把事事归结于是自己的错，认为坏事总是发生，好事偶尔发生的认知和评价的习惯方式，会让她加深对自己的否定，容易陷入习得性无助，发生抑郁的可能就会更大。

习得性无助。习得性无助是一次次悲观解释的结果，习得性无助产生的绝望、抑郁、意志消沉、心灵偏差现象，是许多心理和行为问题产生的根源。学生在学业不良状态的长期积淀导致了非智力品质的弱化，一次次的失败，促使他们对此做出了不正确的归因，认为自己天生愚笨，能力不强，不是学习的材料，因而主动地放弃了努力。也有一部分学生同样努力过，也曾经取得过自认为可以的成绩，但是往往不如他人，因而很少得到老师的表扬，长期被忽视，便逐渐丧失了自尊心，变得破罐子破摔起来。这便形成了"习得性无助"的学生群体。无助感与失尊感均是"习"得的，不是天生的，是经过无数次的重复、无数次的打击以后慢慢养成的一种消极心理现象。

习得性乐观。乐观可以习得，培养乐观情绪的一个有效方法就是指认出自己的悲观想法，并且反驳它。即运用"ABCDE"模式与自己争辩，改变悲观的想法，也称习得性乐观的技术。如果在不幸的事件发生后，你有效地反驳了自己的悲观想法，你便可以改变自己受事件打击时反应，使自己变得更有朝气。

A（adversity）：逆境，厄运，代表不好的事件；

B（belief）：信念，代表当事件发生时，浮现的念头、想法；

C（consequence）：后果，代表这个想法产生的后果；

D（disputation）：代表反驳；

E（energization）：激发，代表成功反驳后所受到的激发。

反驳的方法有四种：

寻找证据。反驳一个消极、悲观的想法最有力的方法便是提出证据，用证据来证明这个想法是不对的。假如你的成绩不好，并认为自己是"全班最糟的"，那你就要去找一下证据，你比坐在你周围的人的分数都低吗？大部分时候，你都能找到反驳的证据。

寻找其他可能。绝大部分事情的发生都不会只有一个原因，假如你考试考得不好，可能有很多原因：题目太难、复习的时间不够、人不够聪明、老师不公平、别的同学基础较好、你考试那天的精神不佳……悲观会使你找到最糟的理由，并以最永久的、最普遍的理由去责怪自己。反驳就应该问自己：既然有很多理由，为什么要找最坏的理由来跟自己过不去呢？

隐含意义（暗示）。你脑海中的消极想法可能是对的，也很可能对你不利，这个时候要用的方法是"非灾难法"。即使你的想法是对的，它的后果是什么呢？考试两门不及格并不代表你以后找不到工作。如果对这个后果不确定，可以回到第一种方法，重新去搜寻证据。

功用（用处）。有时候抓着一个想法不放的后果其实比它的真实性还要糟。坚持这个想法不放，只会让你更难过，因为这是难以改变的事实。所以你应该把注意力转到你可以改变那些事情上，你应该去想想：这个情境可以改变吗？你该如何改变它？

应对之道

琪琪可以运用习得性乐观技术，反驳自己的消极思维，改变自己的悲观解释风格。

改变之前，琪琪对实习任务多的悲观解释是这样的：

任务总是完成不了，老师的认可只是某件事做得好（时间维度）；

每件事都做不好，我适应不了（空间维度）；

我能力特别差（人格维度）。

琪琪可以运用以下四种方法反驳自己的消极思维，改变悲观解释风格。

寻找证据：当我做我胜任的事情时，我效率很高；我曾经很好地完成了老师布置的有挑战的任务……

其他可能：我没有理解任务的核心；我没有做好时间管理；我没有有效协调各方面的关系……

隐含意义：任务完成不了并不是世界末日，我还在不断学习，我也还有同学可以帮我……

功用：我原来的想法（完成不了，能力太差）只会让我放弃努力；我应该把实习工作当成挑战和学习的机会，这样我会学得更多……

琪琪改变后的解释风格将是这样的：

任务多是老师信任我，只是这段时间任务多，适应后会好的（时间维度）；

实习是一个新环境，所以适应不了，其他方面都还好，大家对我都很友好（空间维度）；

我有能力完成这些任务，我学习能力还是很强的（人格维度）。

经过这样的反驳，琪琪可能会（激发）认为：我现在感到好过多了，我决定做出一份新的学习计划和工作时间安排，这样我会更有收获。

心理小贴士

健康信念与不健康信念

有学者发现，不健康的信念几乎是所有情绪问题的核心。不健康信念往往认为负性事件糟糕至极，非常可怕，对自己或他人提出绝对化要求，常常对事件评价以偏概全，非黑即白。例如，"如果我被拒绝了，那简直糟糕透了；我绝对不能容忍被人拒绝。如果我遭人拒绝，那么只能说明我是个没用的人，没有人爱我。"不健康信念往往苛刻、缺乏逻辑、脱离现实，会间接、直接或生硬地表达一种强制命令：必须、应该、不得不、不能。不健康信念干扰了人们的正常思考，制造了消极情绪，使人们焦虑、抑郁。这些情绪脱离实际，没有任何意义，反而会阻止我们实现目标。我们需要将之转化为健康的信念。

　　健康信念通常是偏好信念，以需求和欲望的形式表现出来。它们现实可行，能够帮助我们实现目标。健康信念通常与喜好无关，它会让我们全盘接纳过去、现在和未来。健康信念常常会说出需求，否定强制要求。例如，"我不希望被拒绝，但不代表我不能被拒绝。"健康信念往往灵活、逻辑性强、符合实际。健康信念会产生健康的消极情绪，如担心和悲伤，而不是由不健康信念引起的焦虑和抑郁。

11 失去亲爱的朋友怎么办？

案例导入

小玉是一名大二的女生，她开朗爱笑，乐于助人，同学们都很喜欢她。但最近她再也笑不出来了，她的同学兼好友小英，"五一"假期搭朋友的车返乡时，在高速路上因车子爆胎发生了严重车祸，不幸身亡。这个消息对小玉来说太过突然，太过惨痛，想到小英的不幸遭遇，小玉就忍不住以泪洗面。小玉想起就在一周前还和小英去逛街，小英说，"我刚找到一份家教的兼职，等我拿到第一个月的工资，我就请你好好吃一顿。"小英的面容、笑语不断地在小玉脑海里出现，一想到这些，小玉就哭得停不下来。小玉现在无法集中精力学习，不愿意和同学聊天，也不再去之前和小英一起逛过的店、去过的食堂和图书馆，只要去到那些地方她就会想起小英，就非常难过。同学们很担心小玉，非常关心她，然而，却不知道如何安慰她，好像"节哀"之类的话也没有什么用。小玉怎样才能从痛苦中走出来呢？

心理解读

小英的突然离世，给小玉带来了沉重的心理创伤。这种创伤导致小玉情绪低落，感到悲伤、失落、无助，甚至可能出现焦虑、抑郁等心理问题。然而，创伤的经历也会带给人们特殊的意义，也可能是一种成长，这种成长被称为"创伤后成长"。它涵盖了许多方面，包括对生活的新认识，对自我和他人更深入的理解，以及在困难面前的坚韧和勇气等。对于小玉来说，她可能会对生命无常有深入的理解，这可能使她更加珍惜生活中的每一刻，更加懂得珍视身边的人，更加理解他人的痛苦和需要。

丧失和精神创伤是生活中不可避免的一部分，失去所爱的人、成为暴力或犯罪的受害者、患上慢性或危及生命的疾病，都足以破坏我们的生活，留下很深的心理创伤。为了愈合伤口，在遭受丧失和创伤之后，我们通常要根据不同情况重新调整自我，就像断骨需要重新接续，经历一段时间悲伤和调整之后，恢复先前的心理和健康情绪。

治疗心理创伤不仅可以加快我们的精神复苏，还能对我们的生活做出有意义的改变，提升现有人际关系的价值，增强目的意识，提高生活满意度，这种现象被称为"创伤后成长"。

丧失和精神创伤会带来严重的情绪困扰，令人苦于应对现实的变化以及其对精神层面的破坏，它们会造成三类伤口，每个人遭受这三种创伤的程度不尽相同，每一种所需要的恢复方法都不一样。

丧失和创伤带来的情绪困扰威胁我们的自我认知、个体角色和认同感。情绪困扰造成生活上的混乱甚至瘫痪，我们可能失去思考甚至自我照顾的基本能力。我们会体验到很多痛苦的"第一次"，比如失去某人之后的第一顿饭、成为受害者之后度过的第一个夜晚、手术后的第一次照镜子，每一个"第一次"都会唤起记忆、痛苦的渴望和对失去的东西的深刻思念。而且，我们可能很难去关心任何人，有时丧失和创伤带来的情绪比患有最严重的抑郁症的人还要低落。然而，在极端的情况下，悲伤是一种正常的心理反应，而非精神错乱。时间是恢复的一个非常重要的因素，通常我们会在度过最痛苦的6个月之后开始自我调整——当然，具体时间取决于丧失和创伤的属性及其对生活的主观影响。失去所爱的人、失业或失去健康，会让我们的身份发生改变或自我认知发生变化，我们需要花时间去重新发现自己是谁，挖掘我们认为有意义的东西和自我表达的新途径。

丧失和创伤常常会挑战我们的基本世界观和自我定位。内在动力之一就是寻找生命的意义，每个人都对世界的运作方式有自己的理解，透过自己的信念看待个体经历。例如有人觉得"一切都是天意"，有人相信"种瓜得瓜"，有人认为"凡事必有因"，有人觉得"一切都是偶然"。不幸发生后，我们的世界观被挑战了，信念危机产生了，我们不断反思事件的发生，以及如何能够避免。很多人可以在悲剧发生的6个月内将其合理化，也有许多人即使多年后仍然无法释怀。越早重建世界观，整合丧失和创伤的经验，就会越快地摆脱消沉，更好地进行心理调整，患上创伤后应激障碍的概率就会降低。

丧失和创伤会让许多人感觉难以与那些我们曾经觉得有意义的人和活动保持联系。我们甚至会觉得，如果重新回到原来的生活，就是对失去的人的背叛，或者是对我们经历过的苦难的不重视。对于至爱、亲朋的离去，很多人的反应是缩回自己的小窝，执迷于已经离去的人，在头脑中和他们说话，以我们的经验去想象他的想法和反应。然而，这样的阶段通常是暂时的，随着时间的推移，我们开始放下已经失去的人，继续前进，重新拾起原有的人际关系和活动，或者在新的关系上投入情感和精力。但是，也会有人徘徊不前，陷在对逝者的记忆中，把情感放在他们身上，而不是投入新的人际关系，出现这种情况，说明当事人已经被悲伤击垮。

应对之道

丧失和创伤会引起心理创伤，带来情绪上的痛苦，破坏我们的基本认同感和我们在生活中扮演的角色，动摇我们的信仰体系和世界观，挑战我们的人际关系。现在，让我们看看有哪些方法可以治疗创伤。

以自己的方式舒缓情绪上的痛苦。应对丧失和精神创伤的后遗症，并不存在完全"正确"的方式。我们能做到的最佳处理方式，就是根据个人的倾向、个性和世界观进行治疗。如果我们觉得有必要谈谈，就找人谈论一下；如果觉得没有必要与他人分享我们的想法和感受，则不应该逼迫自己这样做。悲惨事件发生后，我们能够采取的最好行动，就是完全按照我们的感觉行事。本案例中的小玉，如果觉得有必要跟别人分享自己对小英的思念，就尽管去做，这也是表达哀伤的途径；如果小玉不愿意与别人讨论自己的想法和感受，就竭尽所能去避免，小玉可以给小英写信，进行自我安慰，向过去告别。无论选择何种方式安抚情绪痛苦，针对丧失和创伤，最有效的治疗就是时间。

恢复"自我迷失"的一面。创伤性事件发生后，很多人都会避免与那些逝者有关的人、地点或活动接触。但是，如果一直这样下去，超出了一定的时间，就会出现问题，以至于把我们生活的重要方面给切割掉了。小玉因为小英的离去，伤心不已，不能再好好学习，也不愿去她俩共同去过的场所，这给她的学习和生活都带来了很大影响，她的身份、角色开始迷失。如果超出一定的时间还不能恢复，就需要寻求心理咨询，通过一些练习，用新的方式表达自己的身份，找回有意义的生活角色。

寻找悲剧的意义。寻找丧失和创伤的意义，对于有效治疗创伤至关重要。这个过程包括两个阶段：发现意义和发现效益。发现意义是指，将事件纳入现有的信念和世界观体系，以便我们更好理解它。发现效益是指，我们从亲身体验中找到希望。

我们可以通过问"为什么"而不是"怎么会"来寻找事件的意义。询问"为什么"可以扩大我们的思考范围，帮助我们看到更重要的关乎生存、精神或哲学方面的原因。这种宏观思维过程更有可能帮助我们找到事件的意义，最终获得内心的安宁。

我们还可以通过问"什么可能发生"寻找悲剧事件的意义。这种思考迫使我们去思考更抽象的问题，利用我们的分析能力，看到更宏观的图景，摆脱僵化的观点，从而赋予事件新的内涵，得出新的观点。

确定丧失的益处。一定的时间过去后，寻找丧失和精神创伤的益处是发现事件意义和重要性的关键途径，这样我们才能恰当定位事件，并且继续前进。例如，经历这个事件，小玉学会了更加重视友情，更加珍惜身边的亲人，珍爱生命，并决定花更多时间陪伴家人，珍惜与好友相处的时间，提升自己生活的质量，等等。确定事件的益处可能对我们的恢复产生积极的影响，从现实角度看，有益于我们的情绪和心理的康复。

求助心理咨询专业人士。如果遭受的丧失和创伤比较严重，或者当它们以极端的形式从根本上影响了我们的生活时，我们应该寻求心理咨询专业人士的帮助。

心理小贴士

创伤后应激障碍

在创伤后产生的情感障碍就是创伤后应激障碍（Post-Traumatic Stress Disorder，简称PTSD），创伤事件如恐怖事件、遭到身体上的袭击、车祸、自然灾害或所爱的人突然去世等。

创伤事件的记忆或画面不断地出现在梦境中，或即使在清醒状态中也不断地在脑海中重现，因而使受害者经常处于惊恐和痛苦之中不能自拔，好像创伤事件就发生在刚才，这种现象被称为"闪回"。受害者回避能让他们联系到造成其创伤的任何事物，显示出人格上的局限或者情感交流方面的冷漠，这对他们的人际关系造成很大的损害。有时候，他们不能回忆事件的某些局部，很可能这些受害者会在无意识之中趋向于避免这些情绪体验，就像患有恐慌性障碍的患者那样，因为紧张的情绪会让他们回忆起曾经的创伤。最后，这些受害者通常会持续表现出具有过分激动、易受惊吓及急躁易怒的症状。入睡困难以及梦境内容反复重现创伤事件是创伤后应激障碍的重要特征。

12 为何我不恋家？

案例导入

大一暑假即将来临，宿舍里大家都在忙着收拾衣物准备回家。当室友问到陈同学准备什么时候回家时，她的回答支支吾吾，说自己还没想好，室友看她不是很想回家的样子，也没有多问。后来在一次与好友的交谈中，陈同学说出自己不想回家是因为她爸爸。陈同学的爸爸脾气暴躁，每次在外面遇到烦心事便对家人发无名火，看谁不顺眼就骂谁，连陈妈都劝不住，有时陈爸脾气上来了就直接打人，导致家庭关系紧张。陈同学父母关系也不好，两人经常吵架，影响她学习。陈爸对陈同学要求颇高，从小到大都要求陈同学考试成绩要名列前茅，稍有落后便严厉指责，说陈同学长大后没什么出息，严重伤害陈同学的自尊心。受父亲影响，陈同学性格内向，有点自卑，好友不多。陈同学坦言，自己才不想回家呢，在学校多自在，不用看到父母吵架，也不用忍受爸爸的暴脾气。

陈同学不想回家主要受哪方面的影响呢？她该如何调适？

心理解读

陈同学不想回家表面上看是为了不见到陈爸，免得受到责骂，实际上反映出她和家庭的依恋关系是一种不安全型依恋。因为父亲的暴躁，父母关系不融洽，家庭带给陈同学极大的不安全感，导致她想逃避，父亲强势的性格也进一步导致了陈同学的内向自卑。这个案例反映出原生家庭对个体成长和发展会产生重要的影响。

原生家庭。原生家庭是一个社会学概念，是指一个人出生和成长的家庭，也即儿女还未成婚，仍与父母生活在一起的家庭，它包括了我们的父母、兄弟姐妹、祖父母等亲人，以及我们从小到大在家庭中所经历的一切。每一个个体降生时宛如一张白纸，经由所处环境的种种影响，逐步过渡到完整的"社会人"。原生家庭作为个体首先接触并成长的环境，家庭的结构、家庭的气氛、家庭的规则、家人互动的关系等都会对个体性格的塑造、三观的形成、自我意识的培养、情感模式的养成等产生重要的影响。原生家庭内部出现的种种问题容易引发个体心理问题，影响个体日后在自己新家庭中的表现。我们要认识原生家庭对自己的影响，才不致将原生家庭一些负面元素带到新家庭去。

家庭结构。不同的家庭结构会对个体的心理健康产生不一样的影响。独生子女家庭往往比较溺爱孩子，过度关注和保护容易造成孩子以自我为中心的性格，无法独自处理和承担问题。单亲家庭中成长的孩子往往比较自卑，交际能力较弱，容易产生焦虑、抑郁等心理问题。重组家庭中的孩子与继父母之间缺少心灵沟通，普遍存在家庭教育缺失的现象，容易出现自卑感和抵触情绪。

家庭氛围。家庭氛围是一个家庭中家庭成员之间的关系及其所营造出的人际交往情境和氛围，它对家庭成员的精神和心理都起着非常重要的作用，是家庭成员生活及成长的重要环境因素，家庭氛围很大程度上决定着孩子的心理品质及人格发展。陈同学的父亲脾气暴躁，家里经常吵架，家庭气氛压抑，导致她不愿回家，不敢回家，无法与家庭建立情感联结。民主、和谐、宽松的家庭氛围才能对个体自尊心、自制性、自信心的形成与发展起到良好的作用。

父母关系。夫妻关系是家庭中的首要关系，夫妻关系融洽才能带给孩子极大的安全感，营造出良好的家庭氛围。同时，父母是孩子的榜样，父母关系不融洽，会让孩子面对事物的态度比较消极和悲观，影响孩子在人际交往中与他人的相处方式，甚至让孩子在今后建立亲密关系的过程中出现困难。案例中的陈同学，因为父母关系不和谐，导致性格内向，不善交际。成长于与父母关系和谐的家庭中的孩子，在与人交往过程中更懂得如何积极沟通，表达自我。

教养方式。 教养方式是指父母在教育培养孩子的过程中所采取的方式方法。常见的教养方式有四种类型：专制型、放纵型、忽视型和权威型，每种类型都有其独有的特征和对孩子的影响。专制型教养方式的父母对孩子有很高的要求，但反应性较低，不允许孩子有自己的想法和感受，孩子可能会变得顺从，但在青春期容易出现反抗行为，性格上可能表现出焦虑、退缩、依赖等特征。放纵型教养方式的父母对孩子几乎没有要求，但反应性很高，他们过度溺爱和满足孩子，缺乏规则和界限，孩子可能会变得任性、缺乏责任感，情绪管理上也容易出现问题。忽视型教养方式的父母对孩子既没有要求也不关心，反应性很低，对孩子冷漠，缺乏情感上的支持和教育，孩子可能会感到被忽视和缺乏安全感，性格上容易变得孤僻、自卑，甚至出现适应障碍。权威型教养方式的父母对孩子既有高要求也有高反应，他们会对孩子进行指导和帮助，同时尊重孩子的感受和意见，孩子通常会表现出自信、独立、善于社交等良好的性格特征。原生家庭的教养方式不当，孩子的自我认知一般会出现偏差，自我评价过高或过低都不利于孩子的心理健康。案例中，陈父的教养方式是专制型的，要求陈同学必须考高分，考不到就进行责骂，导致陈同学压力较大，变得焦虑，产生退缩行为，不善交际。

应对之道

面对来自原生家庭的困扰，我们该如何做出调整呢？

改变认知，正视原生家庭的不完美。 从来就没有完美的原生家庭，但我们可以做更好的自己。正确的做法是勇于正视原生家庭的不完美和影响，与原生家庭和解，重新审视与父母的关系，接受当下，清除自以为是的投射和标签，并不断完善自我认知，重新调整自我的认知方向，只有这样才能在离开原生家庭后提高自我治愈能力，不断发展、完善自我，智慧地处理与父母的关系，学会跟父母留下的伤痕和解。

融入外界，培养健康心理状态。我们可以强化交往意识，努力学习，掌握一定的人际交往技巧，大胆敞开心胸，多与人接触，积极参加集体活动，融入外界，提高人际交往能力。此外，还要不断树立正确的自我意识，加强自我修养，提升心理适应水平，培养积极健康的心理状态以及正确的人生观、价值观，为未来的人生做好充分的规划，使我们的社会性关系得到良好发展，从而促进心理健康发展。

积极进取，活出自我。原生家庭的影响只能代表过去，不能代表未来，而现在就把握在你自己手中。过去已然无法改变，我们需要做的就是好好把握现在，争取创造一个美好的未来。与其活在原生家庭的阴影中，不如"跳出来"，积极进取，努力学好专业课，将来做国家的栋梁之材，活出属于自己的精彩。

心理小贴士

家庭关系排序

在一个家庭中，成员之间的关系排序对于家庭的和谐与幸福至关重要。伯特·海灵格提出的家庭成员序位排列理论中，一个健康的家庭关系排序应该是：

夫妻关系：夫妻关系是家庭中的首要关系，是家庭的核心。只有夫妻关系稳固，家庭才能坚如磐石。

亲子关系：在夫妻关系之后，是亲子关系。父母与子女之间的关系是家庭中的重要组成部分，但应次于夫妻关系。

父母关系（与大家庭的关系）：接下来是与大家庭的关系，其中近一些的是与父母的关系。这包括与双方父母的关系，是家庭关系中的重要一环。

其他亲戚关系：最后是与其他亲戚的关系，这些关系虽然重要，但在家庭关系排序中相对较远。

总的来说，保持夫妻关系的首要地位，以及确保亲子关系的健康发展，是家庭和谐与幸福的关键。

第三篇
我的大学我做主

13 为何会纠结转专业？

案例导入

大一新生小杭在填报高考志愿时，由于他的分数只高出学校录取分数线几分，为了能够顺利被这所大学录取，于是同意了校内专业调剂，最后也被该校的旅游管理专业录取。小杭是一个内向且不善于交流的男生，喜欢独处，喜静，但现在被调剂到了旅游管理专业，每天学着与旅游相关的知识，有的课上老师还要求学生站在讲台上像导游一样介绍旅游景点，他觉得自己好像胜任不了。他很纠结要不要转专业，如果他想转专业的话，该转什么专业呢？

心理解读

大一新生入校一学期后，会有一次转专业的机会，很多学生选择抓住这个机会可能是出于以下考虑：高考填志愿时想选择心仪的专业但未能如愿；报考时家人要求选择这个专业但自己不喜欢；报考时并不了解这个专业，读了一个学期以后觉得不是自己所想读的专业。小杭就是学习了旅游管理这个专业后，发现自己对参与这个专业的积极性不够高，开始考虑转专业。那么，从心理学的角度分析，大学生们纠结于转专业的原因在哪里呢？

兴趣。兴趣是人们探究某种事物或从事某种活动的心理倾向，它以认识或探索外界的需要为基础，是推动人们认识事物、探索真理的重要动机。人对有兴趣的东西会表现出巨大的积极性，并且产生某种肯定的情绪体验。如学生对某一学科有兴趣，就会促进他努力学习，广泛涉猎相关的知识，并影响对未来职业的选择；教师对教育工作怀有浓厚的兴趣，就会推动他们刻苦钻研业务，废寝忘食地工作。当兴趣不是指向认识的对象，而是指向某种活动时，这种动机叫爱好，如对体育、绘画、书法活动的爱好。兴趣与爱好是和人的积极的情绪体验联系在一起的。当人们兴趣盎然地进行某种活动、获得某种认识时，他们常常体验到满意等积极情绪。

认知失调理论。认知失调理论是由美国社会心理学家费斯廷格提出的一种态度改变理论。费斯廷格认为，一般情况下，个体对于事物的态度以及态度和行为间是相互协调的；当出现不一致时，就会产生认知不和谐的状态，即认知失调，并会导致心理紧张。个体为了解除紧张会使用改变认知、增加新的认知、改变认知的相对重要性、改变行为等方法来力图重新恢复平衡。

费斯廷格区分出四种失调：

决策后失调是指当一个人必须在各有优缺点的两者间作出选择时，选择后易产生失调。强制服从失调是指当一个人受外力影响而采取与信念相反的行为时产生这种失调。接触新信息造成的失调是指一个人有意或无意地接触新信息可能使现存的认识受到威胁，从而产生失调。社会支持体系造成的失调是指个人的认识受到群体成员的反对，或自己的群体成员身份要求接受新信息时会产生这种失调。

费斯廷格认为，每个人的失调耐受性不相同，是有个体差异的。有人认为外倾型人比内倾型人的失调耐受性高，外倾型人在写完一篇相反态度的报告后其态度改变比内倾型人少。认知失调理论可以解释一些社会心理现象，在解释态度改变上用得较为广泛。认识与行为不一致或认识之间不一致，导致产生失调感，改变态度以达到一致是降低失调感的一种主要方式。

自我。"自我"对"我"的角色定位不清晰，"我"不知道什么样的"我"是内心想要的。多数大一学生对自我、专业、社会的了解都不够透彻、不够成熟，这个时候应该"迷，则行醒事；明，则择事而行"。不确定的时候，先把眼前能做的事情做好；真的确定的时候，直接去做想做的事。转专业是一件比较重要的事，它在很大程度上决定了你学习的领域。专业适不适合自己很难断言，因为这与个人的努力及用心程度也有关系。在我们陷入迷茫，权衡是否应当转专业的时候，眼前能做的事情其实有很多：认真听讲，阅读大量学术著作，参加社会实践，等等。在这样的过程中，我们能逐渐认识专业，认识自我，从而作出更理智的决定。

应对之道

大学生在纠结是否转专业时，可做以下参考：

寻找自己的兴趣爱好。兴趣是最好的老师，也是决定是否转专业的关键。在考虑转专业之前首先就要分析一下自己到底喜欢什么、自己喜欢做什么事情、自己对什么感兴趣。一般来说，兴趣爱好都是从小养成的，都是在成长的过程中不断发展而来的。进入大学阶段的专业学习，此时的兴趣爱好基本上已经固定，如果对自己所学的专业不感兴趣，连翻开专业基础课书籍的动力都没有的话，那就可以考虑转专业了。但是，如果觉得自己的兴趣爱好不突出，好像对什么都谈不上特别喜欢，也谈不上特别不喜欢的话，那就先不要考虑转专业，可以先尝试看看有关的专业书籍，以查看自己是否具有这方面的兴趣爱好及潜质。

探索自己的职业生涯规划。人生规划是个人未来发展的指引，是转专业之前需要重点考虑的因素。作为已经成年的新时代大学生，每个人的命运都由自己掌握，每个人都应该对自己的未来负责，都要对未来职业生涯进行合理规划。如果毕业后想做公务员或当老师，那很多专业都适合；如果想当医生或律师，那就不得不学医学、法学等相关专业。总之，选择的专业要跟未来的职业发展适应，至少不能偏离太远，否则即使你付出百倍的努力，也达不到职业的门槛。

深入了解现在所学和想要转入的专业。因为了解所以热爱，因为热爱所以坚持，这是选择是否转专业的基本条件。在决定转专业之前，要对目前所学专业和想要转入的专业进行深入的分析、对比和了解，从所学主干课程、培养目标、师资力量、就业方向、发展前景和行业所处地位等进行全方位深入了解。

听从自己内心的声音。当你迷茫于是否要转专业，请三思而后行。如果心中已有所热爱，那么请为热爱的事情长久地坚持下去。喜欢的事，哪怕错了也没关系，为所热爱的事情努力的过程本身就是一种享受。

心理小贴士

定势效应

定势效应也称"心向"，指由一定的心理活动所形成的准备状态影响或决定同类后继心理活动的趋势，即人们按照一种固定的倾向去反映现实，从而表现出心理活动的趋向性和专注性。纠结转专业的大学生在对自己所学专业的认知上可能存在一定的定势，认为自己所学的专业是自己不热爱的或不感兴趣的，让自己陷入一种纠结的状态，因此得通过转到另外一个专业才能使自己的状态更好。

14 如何规划我的大学时光？

案例导入

一位大学辅导员李老师收到过所带学生发来的这样一条微信：

老师，您好！就要毕业了，但是我却没有半点高兴劲。反思大学四年的学习之路，我只想哭，不是因为不舍，而是因为全是遗憾，我后悔自己浑浑噩噩地过了四年。回想刚上大学那会儿，从最初的开心，慢慢转变成了迷茫，我不知道在大学期间该如何学习。在大学，再也没有人督促我学习，除了上课之外，我想睡到几点就睡到几点。我也不知道自己的目标是什么，以后该干什么，更别提什么计划了。如今要毕业了，面对将来的面试、工作，我连简历该怎么写都不知道，因为我平时花在学习上的时间实在是太少了，掌握的知识也太少了，获奖的证书几乎没有……我后悔，后悔自己没有在大学好好学习，后悔浪费了大学四年的大好时光。

这位同学的情况是个案吗？如何避免此类情况发生？大学生该如何做好学习规划呢？

心理解读

这条微信也代表了不少大学生的心声，像这位同学一样没有把握好大学四年的时光，最后后悔不已的人也大有人在。许多人寒窗苦读12年，就为了能考上大学。但是一旦上了大学后，就进入了自我迷茫期，不知道自己该做些什么、该学些什么，更不知道该如何做规划，进行时间管理，结果虚度了大学四年美好的时光，到最后才后悔莫及。

大学四年时光的虚度，其原因是多方面的。有理念认识的偏差，有对所学专业认识的不够，还有时间管理等方面的原因。很多同学在读高中时就听长辈们说"等你读大学了就轻松了"，于是有同学真的以为大学学习特别轻松，不像高中那样压力大，以为高中努力读书考上好大学，就可以轻松了，不用拼命学习了。有的同学在大学期间对本专业的认识不够，比较片面，丧失了对本专业的兴趣，学习动力不足。还有的同学不善于规划时间，使得自己的学习效率低下，白白浪费大学的大好时光。因此，我们需要了解大学学习的独特性，并做好相应的规划。

学习的主动性。大学与中学阶段相比，有许多不同。进入大学，告别了父母督促学习的唠叨，告别了做不完的试题，告别了早起晚睡的煎熬，告别了字母、公式的压迫和一遍又一遍的复习。大学的课程选项很多，专业必修课、公共必修课、推荐选修课、文化素质课、任意选修课……大学里的很多知识都需要自己花时间去理解和掌握，再也不可能像高中那样，为了应考，老师和学生们一起努力，一遍遍磨知识点。俗语说："师父领进门，修行在个人。"大学的学习不能单纯地只接受和掌握课堂上老师教授的内容，而是必须充分发挥学习的主动性和积极性，研究问题、解决问题。信息化时代，知识更新速度快，培养和提高自学能力也是培育大学生终身学习能力的一项要求。

学习的专业性。大学教育具有专业性的特点，教育的目的是培养高级人才。精通所学专业，是大学生们大学生涯的重中之重，也是今后踏入社会实现人生价值的必备条件。需要明确的是，明白自己所需，深入了解所学专业，预想未来的工作，在此基础上做出选择，并对所作决定做出承诺。

学习的广泛性。在竞争激烈的社会中，同学们如果仅仅满足于专业知识的学习，是不能算作合格的人才的，专业知识的掌握是未来人才竞争的基础。要想以后取得事业上的成功，一个人必须同时具备人文素质和科学素质，这两方面犹如一枚硬币的正反两面，不可分割。换句话说，一个人要想具备良好的竞争力，意味着他的知识结构应该既有深度，又有广度；既精通专业，又融会贯通。

学习的创新性。知识经济的本质是创新。诺贝尔物理学奖获得者朱棣文在接受《中国青年报》记者采访时曾说过：科学的最高目标是要不断发现新的东西，因此，要想在科学上取得成功，最重要的一点就是要学会用与别人不同的方式、别人忽视的方式来思考问题。21世纪，只有那些善于将创新和实践相结合的人，才有可能获得最大的成功。这就要求大学生在学习的过程中，提升自己的创新能力，以适应时代的发展。

应对之道

如何充分发挥主观能动性，不让自己的大学时光虚度呢？

改变观念，正确认识大学学习与专业。来到大学，不是为了过上轻松日子的，而是来努力学习专业知识的，因此转变以往"到了大学就轻松"的观念是至关重要的。要正确认识大学学习特点，明白大学学习的主动性、专业性、广泛性与创新性，深入了解本专业学习特点，努力发挥主观能动性，积极培养专业兴趣。

充分利用图书馆、网络等资源。学校的图书馆会为本校的各个专业提供专业书籍、期刊资料和电子书库等，能够满足不同专业学生的学习需要。这是一个巨大的知识宝库，我们应该学会通过图书馆来掌握更多的信息。网络是当今世界上最便利、最快地获取学习资源的渠道。通过网络，可以了解学校内外的更多信息，获得对世界的不同看法，形成多元的视角。

抓住各种机会听讲座。大学拥有丰富的学术资源，大学里举行的各类学术讲座是大学生们探索学术前沿的宝贵渠道，也是与名师、名家进行思想对话的一种重要方式。听讲座一定要做好笔记，记录下讲座的核心思想、精彩而有启发性的观点，以及还存在的困惑不解之处。讲座之后再进行回顾思考，进一步探索和研究将受益更多。

确定学习目标，做好规划。目标是前进的方向，是努力拼搏的动力。可以请教老师或者学长、学姐所学专业的学科特点、就业方向等，在充分了解所学专业的情况下制订自己的学习目标，根据自己的学习目标做好规划，通常以一个月为单位进行，月末回顾自己是否顺利完成，否则就作出相应调整。

心理小贴士

学习理论主要流派对学习的解释

联结理论。该理论强调学习就是在刺激和反应之间建立联结的过程，将行为反应分为经典条件作用和操作性条件作用。经典条件作用下，个体在外在刺激下形成自己的反应，形成条件反射；操作性条件作用，个体自发做出某种行为，得到刺激的强化，形成条件反射。

格式塔学派。学习的实质和目的不在于强化刺激和反应之间的联结，而在于形成和发展"格式塔"（即形成和发展人的内在认知结构、完形），是一种在顿悟中认知重组的过程。

建构主义。建构主义认为学习是学习者主动建构内部心理表征的过程，强调学习过程中学习主动性的发挥。学习过程包含两方面的建构：对新信息的意义建构，运用原有的经验超越所提供的信息；对原有经验的改造和重组。学习既是个性化行为，又是社会性活动，学习需要对话与合作。学习发生于真实的学习任务中，强调学习的主动性。

人本主义学习理论。人本主义学习理论认为学习是学习者获得知识、技能和发展智力、探究自己的情感，学会与教师及集体成员的交往，形成学科价值观和态度，实现自我的潜能，达到自我的境界。他们认为必须尊重学习者，把学习者视为学习活动的主体，必须重视学习者的意愿、情感、需要和价值观，相信正常的学习者都能自己指导自己，实现自我潜能。

15 如何平衡学习和社团活动？

案例导入

小明学习非常认真刻苦，一直朝着大学的路上努力着，未敢松懈，终于，他如愿以偿地考上了大学。上大学后，他有点迷茫了，想做点与学习不一样的事情。小明大一成功竞选上了班长，大二从学校社团的小成员成了副社长。别人在学习的时候，他在忙着提交材料申报十佳社团，参加大学生社团文化节，把大部分时间用在了社团活动上。辅导员提醒他以学业为主，他不听，后来他的学业成绩非常不理想。本有的保研资格，都因为他的文化课成绩过低而失去机会。小明现在很迷茫，如果人生有重来的机会，学习和社团活动应该怎么选呢？如何平衡两者的关系呢？

心理解读

这个案例反映了大学中很容易发生冲突的两件事：专注学业还是锻炼能力？小明一开始是想要锻炼一下自己的，但要锻炼什么能力，也许他自己都不太清楚。其实大学中除了参加社团活动，参加课外比赛或者志愿活动，也可以锻炼能力。小明的问题告诉我们，首先要知道自己需要什么，即心中的目标是什么，然后再去平衡各目标之间的关系。

目标管理。目标管理是以目标为导向，以人为中心，以成果为标准，而使个人取得最佳成效的管理方法。目标管理分三步。

1.目标的设置。

2.实现目标过程的管理。目标管理重视结果,强调自主、自治和自觉。首先进行定期检查,当出现意外、不可测事件严重影响组织目标实现时,也可以修改原定的目标。

3.总结和评估。达到预定的期限后首先进行自我评估,考核目标完成情况,决定奖惩;其次确定下一阶段目标,开始新循环。如果目标没有完成,应分析原因、总结教训。

目标管理的起点是制订目标,这也是非常重要的第一步。为了保证后续的努力有意义,我们首先需要选好方向,定一个明确的目标,可参考SMART原则来制定。

SMART原则:

(1)目标必须是具体的(Specific);

(2)目标必须是可以衡量的(Measurable);

(3)目标必须是可以达到的(Attainable);

(4)目标必须和其他目标具有相关性(Relevant);

(5)目标必须具有明确的截止期限(Timebased)。

自我监控。自我监控又称自我管理、自我控制、自我调整、自律性管理,是自我意识的重要成分。自我监控是指个体对自身的心理与行为的主动掌握,调整自己的动机与行动,以达到所预定的模式或目标的自我实现过程。自我监控是自己对自身行为、思想、言语的控制,具体表现为两个方面:一是发动作用;二是制止作用,也就是支配某一行为,抑制与该行为无关或有碍于该行为进行的行为。进行自我认知、自我体验的训练目的是进行自我监控,调节自己的行为,使行为符合群体规范,符合社会道德要求,通过自我监控调节自己的认识活动,提高工作效率。

自我监控首先要进行自我检查和分析,只有在目标实施中经常进行自我检查和分析,才能及时掌握目标的状态,发现实施中的问题,并分析产生问题的原因,便于采取措施解决。自我检查和分析的内容,包括目标实施的进度、质量和实施中的协作情况。其次要主动纠正偏差,保证自己的目标正常实施,按计划、按要求完成。最后是要及时反馈信息。

自我监控是目标管理中最基本、主要提倡的一种控制形式。实现自我监控的意义在于能极大地调动目标责任者的积极性，不仅有利于对目标责任者素质和能力的控制，还能提高管理组织系统的应变能力。

应对之道

在本案例中，小明的困境在于没有搞清楚自己的目标，进而没有平衡好社团与学习的关系。大学生普遍存在这种困惑，在面对不同的问题时不知道怎样进行选择，以下是大学生进行目标管理时的小方法。

设立目标。目标就是我们给自己设定的目的地，我们将要去到哪个地方，实现怎样的成果。对于大学生来说，通过某一次考试，比如英语四级、六级考试，或者是在专业考试中取得一定的分数，拿到奖学金等，都可以作为我们给自己设定的目标。

制订方案。方案就是我们为了达到目标，而选择的具体路径、实现目标的方式。比如为了通过英语四、六级考试，我们首先需要对试卷难度、题型有一个正确的认知。同时认清自己的不足与擅长之处是作文、听力还是阅读，并据此对每个题型设定一系列的练习方案——每天练多少、怎么练，如何查缺补漏，等等。

明确层次结构。由于我们的生活并不是单一维度的，所以设立目标和制订方案都有各自的层次结构。我们个人针对宏大的目标时需要把其拆分成各个小的目标，然后逐一击破。对于高考、研究生考试来说，要达到能够通过的程度（总的目标），其实是需要我们每一科的成绩都达到一定的标准（小的目标），每一个题型拿到一定的分数（更小的目标）。然后通过专项练习达成各个小的目标，最后实现总的目标。

将做计划拆解成"设立目标"和"制订方案"，有利于我们在整个过程中认清路途，自己给自己进行指导，不至于迷失方向或丢失信心。

心理小贴士

目标管理法的实现

找准自我内驱力。在你做每一件事情之前,想好你做这件事情的目的,大到结婚生子、工作事业,小到今天吃什么、玩什么,这些选择的背后都是由一个内心深处的欲望所驱动,并且要经常在生活中提醒自己,也就是我们的初衷。

合理规划,按部就班。实现目标有三步,以目标是我要考研为例。

第一步:确定目标。我要考取的大学和专业是什么?

第二步:制订计划。用什么样的方式去准备考研的内容以及每天的学习计划?

第三步:定期复盘。每周的学习目标是否达到?没有达到的目标原因是什么?下周怎么改进?

要时刻提醒自己,我的目标是什么?相信当你专注一件事情的时候,最终的目标终会实现。

16 怎样激发学习动机?

案例导入

小高来自偏远山区,他高考成绩非常不错。进入大学后,他从高中紧张的学习状态中放松了下来,一下子无所适从,学习激情逐渐淡去。小高没有目标,也不想拿奖学金。大一第一学期期末测试,他挂了三科。第二学期开学初,学校教务处给小高送达了学业警示通知单,他开始有些慌了,也下决心第二学期一定要重整旗鼓,但是因为惰性太强,只断断续续坚持了一个月,又陷入颓废的状态之中。第二学期期末考试,小高又有三门功课不及格。由于所挂学科的学分已经达到学校关于强制性降级的标准,小高不得不重读大一。

小高的问题出在哪?他该如何补救呢?

心理解读

小高的经历并非个案,当没有外在的学习压力和严格的纪律约束,自己又有更多自由支配的时间时,很多大学生都会陷入迷茫之中。小高之所以出现这种情况,主要原因还是对学习缺少足够的动力。

学习动机是指引发与维持学生的学习行为,并使之指向一定学业目标的一种动力倾向。学习动机激发学习动力,对学习行为具有激发、指向、维持和调整功能。学习动机产生于需要,一个人需要学习,他才会产生学习动机。

学习动机还与目标紧密相连，有目标才能引导个体前进的方向，并提供原动力。以小高为例，进入大学的他一下子放松下来，不知道自己为什么而学，没有目标，发现不了自己的学习需要，也就激发不了学习动机。

根据学习动机的作用及其与学习活动的关系，学习动机可以分为直接性的近景学习动机和间接性的远景学习动机。

直接性的近景学习动机与学习活动直接联系，是由对学习活动的直接结果的追求所引起的。例如，学生的求知欲、对某一专业或者某一学科浓厚的兴趣，或者教师上课的风格、教学内容的形式等都会直接影响学生的学习动机。在案例中，小高就因为惰性太强，缺乏近景学习动机。

间接性的远景学习动机与人生意义和社会意义相联系，是社会要求在学生学习上的反映。这类动机一旦形成，就具有较大的稳定性和持久性，不易为生活中的偶然因素所改变，能在较长时间内起作用。例如，大学生认识到学习不是为了自己的个人前途，而是为了国家的未来和发展，是为了争取班级的荣誉等，这些都是间接性的远景学习动机。小高不知道自己以后该干什么，没有远大抱负，缺乏远景学习动机。

成就动机也是学习活动的重要动力之一，是指人们希望从事对他们有重要意义的、有一定困难的、有挑战性的活动，在活动中能取得良好的结果和优异的成绩，并能超过他人的动机。成就动机强的人在活动中有高标准，他们愿意承担有竞争性的工作，即使对它没有特别的兴趣，也能尽力把它做好。许多研究表明，智商大体相同的情况下，成就动机强的人比成就动机弱的人取得成功的可能性更高。因此，在学习活动中，成就动机强的同学往往比成就动机弱的同学更努力，更拼命学习，他们成功的概率自然更高。在本案例中，小高缺乏成就动机，导致他在学习上不怎么努力。

应对之道

学习动机不足，该如何应对呢？

培养学习兴趣。 兴趣是人们探究某种事物或从事某种活动的心理倾向，它以认识或探索外界的需要为基础，是人们认识事物、追求真理的重要动机。学习兴趣的培养对激发学习动力起着重要作用。明确这一学科的社会意义和专业意义，认识此学科对于自己的专业学习、品行修养等方面所产生的影响。其次要带着问题去学习，抓住本学科中一些没有定论的、有争议的问题，广泛搜集资料。通过独立思考，激发学习动机。

明确学习意义。明确学习目的的重要意义是培养和激发学习动机的重要条件之一，当我们认识到自己学习的价值时，学习就有了责任心和使命感，只有当兴趣与其奋斗目标及人生理想结合起来的时候，个体的学习兴趣才会由有趣、乐趣发展到志趣，这样的志趣才具有更大的自觉性和方向性，有更大的推动力量。

制订学习目标。心理学研究及教学实践证明，学习目标定得过高或过低都不利于提高人们学习的积极性。适合自己的目标才能起到激发学习动机的作用，激励自己不断向这一目标前进。一般来说，学习目标以一个学生在其原有学习成绩的基础上增加20%为佳，实现该标准的时间以一学期为宜。

掌握学习方法。好的学习方法可以使学习活动进展顺利，达到事半功倍的效果，有利于激发进一步的学习动机。学习方法并无固定的模式，每个人应该结合大学学习的规律和自己的特点，制订学习规划，采取切实可行的改进措施，如分散学习、及时复习等，使自己真正学会"如何学习"并保持学习的原动力。

心理小贴士

大学生学习动机自我诊断量表

大学生学习动机自我诊断量表是由广州大学宋专茂副教授编订的。该问卷主要从四个方面检测大学生学习动机的情况，其中第1~5题用以检测大学生学习动机是否太弱；第6~10题用以检测大学生学习动机是否太强；第11~15题用以检测大学生的学习兴趣是否存在困扰；第16~20题用以检测大学生的学习目标是否存在困扰。

1. 如果别人不督促你，你是否极少主动地学习？

    A.是　　　　　　　　B.否

2. 你是否一读书就觉得疲劳与厌烦，只想睡觉？

    A.是　　　　　　　　B.否

3. 当你读书时,需要很长的时间才能提起精神吗?

  A. 是   B. 否

4. 除了老师指定的作业外,你是否不想再多看书?

  A. 是   B. 否

5. 在学习中遇到不懂的知识,你是否根本不想弄懂它?

  A. 是   B. 否

6. 你是否常想自己不用花太多时间,成绩也会超过别人?

  A. 是   B. 否

7. 你是否迫切希望在短时间内就能大幅度提高自己的学习成绩?

  A. 是   B. 否

8. 你是否常为短时间内成绩没能提高而烦恼不已?

  A. 是   B. 否

9. 为了及时完成某项作业,你是否愿意废寝忘食、通宵达旦?

  A. 是   B. 否

10. 为了把功课学好,你是否放弃了许多你感兴趣的活动,如体育锻炼、看电影、郊游等?

  A. 是   B. 否

11. 你是否觉得读书没意思,想去找个工作做?

  A. 是   B. 否

12. 你是否常认为课本上的基础知识没什么好学的,只有看高深的理论、读大部头作品才带劲?

  A. 是   B. 否

13. 你平时是否只在喜欢的科目上狠下功夫,对不喜欢的科目则放任自流?

  A. 是   B. 否

14. 你花在课外读物上的时间比花在教科书上的时间要多得多吗?

  A. 是   B. 否

15. 你把自己的时间平均分配在各科目上吗?

  A. 是   B. 否

16. 你给自己定下的学习目标,多数因做不到而不得不放弃吗?

  A. 是   B. 否

17. 你几乎毫不费力就实现了你的学习目标吗?
    A.是　　　　　　　　　　B.否
18. 你总是同时为实现好几个学习目标而忙得焦头烂额吗?
    A.是　　　　　　　　　　B.否
19. 为了应付每天的学习任务,你已经感到力不从心了吗?
    A.是　　　　　　　　　　B.否
20. 为了实现一个大目标,你是否不再给自己制订循序渐进的小目标?
    A.是　　　　　　　　　　B.否

计分标准:答"是"计1分,答"否"计0分,最后将各题的得分相加,即可计算出总分来评估学习动机的整体情况。

结果解释:0~5分,说明学习动机上有少许问题,必要时可调整;6~13分,说明学习动机上有一定的问题和困扰,可调整;14~20分,说明学习动机上有严重的问题和困扰,急需调整。

17 学习时总想玩手机怎么办？

案例导入

小虹是一名大一新生，高中时期学习认真刻苦。考上大学后，小虹爸爸送给她一部新手机作为奖励，现在，她每天都手机不离身，起床的第一件事情就是看手机，睡觉前也总是看手机，尤其喜欢看手机上的连载小说，甚至上课、走路也看手机，有时因为玩手机而忘记写作业被任课老师批评。考试之前，同学们都在有条不紊地复习，她也想加入其中一起学习，但在内心深处总有一个声音跟她说再看一会儿手机。慢慢地，她也不去上课了，躺在宿舍看手机里的小说。期末考试时，成绩一向优秀的她竟然挂科了。为什么小虹一学习就想看手机呢？

心理解读

其实我们大多数人都有过一学习就想玩手机的体会。当你有明确意图去学习时，各种分散注意力的事情便会进入你的大脑，但对此你却无能为力，你不停地幻想各种事情，就好像身体里的一些系统并不满意你去学习，它们会不停地冒出来控制你的注意力和行为。就像案例中的小虹，总是在学习时忍不住玩手机，达到一定程度，就会对手机成瘾。

手机成瘾。手机成瘾是过度沉迷于以手机为媒介的各种活动，导致生理、心理和社会功能受损的非物质成瘾或行为成瘾，其表现类似于酒精和毒品等物质成瘾，包括耐受性、戒断症状、突显性、冲突性、情绪改变、渴求和失控等核心特征。它的标准主要体现在三个方面：一是对手机的滥用；二是手机过多地影响生活、工作和学习；三是手机停机或手机不在身边时，身心会出现一系列不适反应。

在生理方面，过度使用手机会导致我们的视力下降，颈椎问题，以及手机辐射导致的中枢神经系统问题。在心理方面，手机会控制我们的思维，使我们出现一些强迫思维，进而出现像睡前必须看手机，起床第一件事就是看手机等类似的强迫行为。手机成瘾还会造成人际关系的紧张，长时间使用手机会让人变得越来越封闭，许多自控能力差的人就会沉迷于网络虚拟的世界，忽略现实中的人际交往，甚至是自暴自弃，更是不利于和家庭成员以及朋友的和谐相处等。

手机成瘾的原因。从生理学角度来看，手机使用会激发大脑的奖赏系统，释放多巴胺等神经递质，使人感到快乐和满足，从而形成强烈的渴求。从心理学角度分析，游戏通关，追剧追书，往往是未完成事件驱动我们去把事情完成，这种强烈的执念会让我们陷入手机使用的循环。从环境因素来看，社交网络和手机游戏的普及，以及生活和工作的压力，都会增加手机成瘾的风险，人们会为逃避压力而转向手机使用。一方面是学习带来的被催促、有压力、焦虑和挫败感，另一方面是手机带来的愉悦感、满足感、成就感，自制力较弱的大学生很容易因此陷入手机成瘾。

学习专注力。专注力是人进行一项活动的心理状态，它是推动认知活动得以顺利开展的动力源泉。它就像聚光灯一样，能将我们的内心活动集中在一个点上，从而最大限度地发挥积极性、主动性和创造性，让我们能保持最佳的学习和工作状态，努力实现自己的目标。保持专注力在大学学习中非常重要。我们之所以总是忍不住在学习时玩手机，就是因为专注力还不够。

应对之道

小虹可以通过以下方法帮助自己摆脱手机成瘾，提高学习专注力。

合理设定手机使用时间。给自己设定每天使用手机的时间限制，如两小时以内,并遵循"工作学习优先,娱乐休闲适度"的原则,在特定场合,如上课、自习、睡觉前等,远离手机,可以借助时间管理软件,合理安排手机使用时间。另外,适当卸载不必要的应用,清理手机中不必要的应用,减少干扰,只保留真正有用的应用,避免过度沉迷于手机。

培养其他兴趣爱好。多参加体育活动、文化活动等,让自己的生活更加丰富多彩,增加正面情感和自我满足感,从而转移对手机的注意力,降低手机成瘾的发生。

寻求社会支持。向家人、朋友或专业人士寻求帮助和支持,获得额外的动力和情感支持。

练习正念,提高学习专注度。学习时容易注意力分散,可以做正念训练,提高专注力,缓解压力,改善情绪状态。正念是一种心理过程,常见的正念练习有身体扫描、觉察呼吸、正念行走、正念伸展和慈心冥想等。

心理小贴士

手机成瘾指数量表

手机成瘾指数量表是一种用于评估个体对手机使用的依赖程度和成瘾风险的量表。由香港中文大学梁永炽教授基于美国精神障碍诊断与统计手册(第四版)中有关成瘾的诊断标准编制而成。该量表共17题,经过了严格的信效度检验和标准化处理,主要用于诊断青少年和大学生手机成瘾。其涉及手机使用的失控性、戒断性、逃避性和低效性四个维度。

请根据实际情况回答下面的题目,每题选择一个符合的选项,①从不,②有时,③偶尔,④经常,⑤总是。

1. 你被告知你在手机上花的时间太多了。
2. 你的朋友和家人抱怨过你对手机的使用。
3. 你试图向别人隐瞒你在手机上花了多少时间。
4. 你发现自己使用手机的时间比预期的长。
5. 你花在手机上的时间总是不够。
6. 你尝试减少使用手机但没有做到。
7. 因为玩手机而导致你失眠。

8. 一段时间内,你全神贯注地想着错过了一个电话或消息。

9. 如果一段时间没有检查消息或打开你的手机,你会感到焦虑。

10. 你发现要关闭自己的手机非常困难。

11. 没有手机你会不知所措。

12. 当你感觉被孤立时,会用手机跟其他人通话。

13. 当你感到孤独时,会用手机给别人打电话。

14. 当你情绪低落时,会玩手机让自己感觉好一点。

15. 你发现当自己需要做其他事情的时候常常还忙于玩手机,为此引发过问题。

16. 你使用手机的时间太多,直接导致你的办事效率降低。

17. 曾经有几次你宁愿玩手机也不愿意去处理紧急的事情。

计分标准:所有题目都以此评分标准计分。"从不"计1分,"有时"计2分,"偶尔"计3分,"经常"计4分,"总是"计5分。

结果解释:把以上17个题目的得分相加,总分在34~51分为轻度手机成瘾,51~68分为中度手机成瘾,68~85分为重度手机成瘾。

18 如何消灭拖延症？

案例导入

大三的学生小夕有很严重的拖延症。她说，就算有作业要做，有论文要写，也总是想等到最后一刻再完成，在那之前就会忍不住一直玩手机、看综艺节目、看电视剧。她有好几次因为拖延症，把任务拖到最后来做，本以为很快就能完成的任务，往往没有自己想象中的那么容易完成。小夕没完成任务时，也会十分焦虑，但是她就是不想做，越焦虑越不想做，就想看剧来缓解一下焦虑，这样成了恶性循环。

拖延和拖延症是一回事吗？我们怎样才能不拖延。

心理解读

案例中的小夕对待自己的任务总是要拖到最后期限才能完成，如果她仅仅是单纯做事拖拉或是懒得去做，只能定义为"拖延"，也仅仅是一种坏习惯，改正它并不难；但如果她已经为自己的拖延感到焦虑，出现强烈的自责情绪、强烈的负罪感了，这时就可称之为"拖延症"。我们以为拖延只是一种习惯，没什么大不了，但其实习惯性拖延的背后，有很强的心理动力。

拖延的过程。拖延症的表现是会让人形成拖延怪圈。许多拖延者在处理事务时，虽然他们想完成任务，但是最终却不可避免地开始拖延。在这个过程中拖延者受到一连串的思绪、情感和行为波动的影响，并且呈现出诸多共性，我们称之为"拖延怪圈"。拖延者在拖延过程中有不同的表现，因此可将拖延怪圈分成"拖延伊始""拖延过程""拖延后续"三个过程。

拖延伊始。许多拖延者在面对需要完成的任务时，总会有许多借口推脱，"除了这件事情，什么都愿意做"，"做事前先娱乐一下吧"，"还有时间嘛"，诸如此类，于是拖延这个行为就开始了。

拖延过程。"这件事到底做还是不做呢？"这一定是直击许多拖延者心灵的问题，而正是在纠结"做与不做"这件事时，他们就已经处于拖延过程中了。

拖延后续。"我永远不会再拖延！"无论任务最终是被放弃了还是被完成了，拖延者通常会因为如释重负和精疲力竭而近乎崩溃，哪怕再经历一次折磨都让他无法忍受。所以拖延者总会决定下次早点开始，制订计划，把事情做得井井有条。

然而大部分拖延者都会重蹈覆辙，再次开始拖延怪圈……

拖延的原因。拖延让我们的任务越堆越多，直到根本就没有希望和勇气去完成和解决，于是开始对自己进行谴责，感到后悔甚至绝望。拖延降低了我们的办事效率，妨碍我们获得成功，那么拖延的原因有以下三点。

恐惧失败。有的人一直在等待一个"完美"的时机，让自己准备到"完美"的状态，才会动手去做一件事。做的过程中不允许有任何瑕疵，也不能接受失败的结果。他们并不是担心失败本身，而是害怕失败之后别人的评价。他们担心被别人评价为笨、无能、没有价值。与其这样，不如被评价为懒惰或者拖延。这类人往往害怕竞争，因为害怕在竞争中让别人看出自己的软弱和无能。在完美主义者的核心信念中，要么全，要么无。他们认为，不去做某件事就好像那件事永远没有开始，也永远没有失败。

逃避成功。成功需要付出太多。这类人认为成功会把他们推到聚光灯下，受到来自四面八方的攻击和挑衅。他们感到自己还不够强大，无法还击。通过拖延，他们降低了成功的机会，给了自己一个缓冲，好让自己不陷入忙乱的生活或者不被众人注目。

掌控主动权。还有一些人，他们通过拖延，比如迟到、不按时完成任务、对规章制度不遵守、对权威不屑，变被动为主动，来获得掌控感。当不愿意去做某件事，但又迫于压力而不得不去做时，他们会用拖延来表达自己对做这件事有不满的情绪。拖延对于他们来说，是对权力的争夺，是对被控制的不满，是对控制者的攻击和报复。

应对之道

怎样才能帮助小夕摆脱"拖延症"呢？我们可以从认知和行动上做出改变。

修正不合理信念。你需要认识到完美主义是不合理的认知，因为这个世界上没有完美的东西，这个世界也不是非黑即白的。你需要去接受努力后可能存在的不完美，用成长的心态去看待事物和自己。能力是可以锻炼的，通过努力，你可以随着时间的推移变得更有能力。成功是为了学习和进步，而不是为了证明你聪明。所以，即使失败，也并不代表你不聪明或者无能，而是你现阶段还无法做到更好。但是现在无法做好，不代表将来也做不好。

寻找内在动机来摆脱束缚与控制。在成长的过程中，被控制的愤怒会让你从内心对父母产生抗拒，这种抗拒可能会延伸到你对待"权威"（老师、领导、长辈等）的态度。你对被控制的感受非常敏感，一旦感到被控制，你可能会对原本感兴趣的事物立马变得不感兴趣。这时你可能模糊了想做的事和被控制做某事的界限。很可能两者会有重合，但你会本能地产生抗拒，变得拖延和不合作。可以想一想，如果没有权威的指令，你是否会喜欢你做的这件事。去寻找内在的动机，而不管这件事是否会满足父母或权威的期待。寻找到做某事的内在动机，是惯性拖延的人转变的契机。

制订一个靠谱的计划。靠谱的计划一般要具备四个要素，可观察：目标应该可以被观察，以某个行为来界定是否完成，这样就能做到可观察。得具体：目标应该具体，不要单单说我要减肥，应该说我每星期要减掉多少重量。分步来：一步一步来谁都知道，重要的是你能不能做到每一步都具体，而且可观察。小起点：确保你的第一步能在15分钟之内完成，这样能帮助你摆脱拖延症。

从被动攻击转变为主动表达。被动攻击不和人发生正面冲突，而是用拖延或回避的方式激怒对方，其背后隐藏了无法用言语表达的愤怒。直接表达愤怒对你来说是困难的，但是不表达的后果其实更严重：一方面你压抑了情绪，长期积压会变得抑郁；另一方面，别人不知道你的真实想法，无法和你进行有效沟通，反而会破坏你们之间的关系。在关系中，不正面发生冲突并不表示没有冲突，只有通过主动的行为解决冲突才是人际交往的健康方式。试着主动表达你的情绪，你会发现，并不会有什么损失，还会有很多益处：你压抑的情绪会得到释放；人们会知道你的真实诉求，通过沟通解决冲突和问题，反而会拉近距离。

心理小贴士

一般拖延量表

一般拖延量表由纽约大学的莱伊在1986年编制，包翠秋在2007年对量表进行中文版修订，适用于大学生拖延行为的测量。该量表共20个项目，采用5点计分方法，为单一维度，总分越高，代表拖延行为越严重。

请仔细阅读每一题，评价每一种描述与你的情况或观点的符合程度，评价分5级，非常不符合、基本不符合、中度符合、基本符合和完全符合。回答没有对错之分。

1. 我经常在几天前就已经打算要做的事情。
2. 我总是在最后一刻才完成工作。
3. 读完借阅的书籍之后，不管是否到期，我都会立即归还图书馆。
4. 早晨到了起床时间，我总是马上就起床。
5. 信写完后，我可能放几天才寄出。
6. 我总是迅速回电话。
7. 即使是非常简单、容易完成的工作，我也很少会在几天内做完。
8. 我通常能迅速做出决定。
9. 我总是推迟必须要做的工作。
10. 我总是匆匆忙忙才能按时完成工作。
11. 外出时，我总是提前做好准备。
12. 在为最后期限做准备时，我经常浪费时间做其他事情。
13. 我更喜欢提前赴约。
14. 我通常在工作布置之后很快开始做它。
15. 我通常提前完成工作。
16. 我似乎总是最后一刻才去选购生日礼物或节日礼物。

17. 即使是必需品，我也通常拖到最后一刻才买。
18. 我通常会完成一天内计划好的所有事情。
19. 我经常说"明天再做"。
20. 在晚上娱乐休闲之前，我通常会处理好必须完成的所有任务。

计分标准："非常不符合"计1分，"基本不符合"计2分，"中度符合"计3分，"基本符合"计4分，"完全符合"计5分。其中第3、4、6、8、11、13、14、15、18、20题为反向计分，即"完全符合"计1分，"非常不符合"计5分，20道题目分数相加计算总分。

结果解释：总分高于60分可能为拖延者，低于60分则可能为非拖延者。

19 如何驾驭考试焦虑？

案例导入

欣欣是一位正在读大三的女生，她性格内敛、腼腆沉默、不爱言语。欣欣从小学习刻苦，对自己要求严格，成绩在班上总是名列前茅。尽管成绩优异，在每次考试之前欣欣仍感到非常焦虑。因临近期末考试，专业科目考试复习未达预期，她担心考不好而深感压力，内心焦虑不安、整晚失眠、身体疲惫，因无法集中精力复习导致学习效率下降。"还有几天就考试了，可是这十几天我只复习了四分之一，很多要背的内容我连看都还没看，肯定来不及了，我很焦虑，最近老睡不着觉，我真怕自己考不及格。最近除了在家看书、复习，我哪儿都没去，时间太紧了，老师给的考试范围几乎都是要背的，但我的效率太低，很多同学都复习完一遍了，我连一半都没看完，我每天都在担心要是没考好怎么办？"欣欣这种情况已经持续一周，随着考试时间的临近，她甚至出现了胸闷难过、心跳加速等应激状态，不知如何处理。

欣欣是生病了吗？怎样才能帮助她呢？

心理解读

欣欣之所以出现上述情况是因为她产生了考试焦虑,考试焦虑会给学生带来消极情绪,影响到学生的考试成绩以及学生身心健康的发展。目前考试焦虑的心理现象已经非常普遍,那么,考试焦虑的具体表现有哪些呢?

生理。个体处于考试焦虑状态时,经常出现食欲不振、睡眠质量下降、心跳加速、心慌、腹痛、呼吸急促的症状,甚至会出现冒冷汗、头晕、发抖、尿频等症状。如果症状严重而不能控制时,将影响考试正常进行。

情绪。个体由于担心考试成绩不理想,经常出现害怕、紧张、担心、烦躁等不良情绪,这些情绪会引起个体极大的不适感,进而影响备考和应试。

行为。出现考试焦虑,个体在考前复习时就会手忙脚乱,心浮气躁,不能静下心来捋顺思路;考试途中会有多余动作增加,思维处于漂浮状态,容易出现笔误,记忆突然丧失;考试结束后因为担心成绩不理想,精神压力大而焦躁不安,行为异常。

认知。处于考试焦虑时,个体往往对考试缺乏信心,自我评价过低,容易敏感、自卑。

考试焦虑是后天形成的,它是个体在主客观因素的相互作用下形成的,是外因和内因共同作用的结果。

外部因素。对考试成绩的期望是考试焦虑的压力来源。大学生出于对学业的重视,对奖学金、保研的关注而对考试寄予很大的期望,担心因成绩不理想而影响排名,从而产生考试焦虑。

大学里考试相对频繁,大学生重视学习成绩上的竞争,过分看重考试的成败,学习时间过长,使得疲惫的身心得不到充足的休息、紧张的神经得不到充分的放松,也会助长考试焦虑。

内部因素

生理因素。每个人从父母那里获得的遗传基因不一样,他们的神经类型的强弱也不一样,神经系统强型的人比较敏感,容易激动,会较多地体验到焦虑情绪。研究发现,大约15%的焦虑性神经症患者的父母和同胞兄弟姐妹也同样容易焦虑;大约50%焦虑性神经症患者的孪生者有类似的症状。由此说明,遗传因素对个体焦虑的水平是有一定影响的。

考试动机。动机是行为的内部动力,与个人的需要和愿望相联系。适当水平的动机可以激发个体的激情和干劲,但是动机过高,容易使个体产生对考试结果的担忧,这种担忧就是焦虑。焦虑会使人思维混乱,不知所措,回忆受到干扰,原本记住的东西提取不出来。

个体成就目标。成就目标理论认为一般人在成就情境中通常会采取两种不同形态的目标:掌握目标和表现目标。掌握目标的人强调发展自己的能力,认为个人的努力和其学习成果是呈正相关的,而表现目标的人重视的是个人能力的展现。表现目标又分为趋向成功和避免失败两种。趋向成功的表现目标型的人追求的是通过与他人的比较来展现自己的能力,而避免失败的表现目标型的人则关注如何避开失败的情景,以免表露出自己能力的不足。

应对之道

了解了考试焦虑的具体表现、产生原因,我们可以尝试下面几种方法来应对考试焦虑。

自我暗示。自我暗示是指通过自我认知、思维、言语等心理的活动,调节和改变自身身心状态的一种方式。自我暗示有积极暗示和消极暗示之分,会对人的心理与行为产生影响,引起人们的生理状态发生改变。大学生在考试时,一定要使用积极的暗示语,比如说"我很棒,我不比别人差","这次考试,心态摆正,一定可以发挥好","我能行,我可以做得到",等等。通过积极正能量的自我暗示来培养和增强考试的自信心。

认知改变。有心理学家认为能引起人们情绪困扰的并不是所谓外界发生的事件,而是人们对事件的看法、态度、评价等认知的内容。根据这个理论,如果欣欣可以换种想法,改变认知,认为即使这次考得不好,自己可以总结经验,争取下次取得更好的成绩,因为一次成绩不代表一生的成绩,这样她就不会陷入焦虑情绪中。认知改变将从根本上改变个体对待事情的态度,大大减少其考试焦虑的产生,转而尽心尽力、全心全意地复习应考。

调整考试动机水平。正确认识考试的重要性,摆正考试的位置,不要把考试看成是至高无上的事情,也不要把考试结果片面夸大。把考试当作是展示和检验自己才能的机会，是战胜自己、锻炼意志的一次挑战，将考试动机调整到适当的水平，这样才能以最佳的状态应对考试，从而取得理想的成绩。

制订科学的复习计划。如果欣欣能制订科学的复习计划，考前准备比较充分，熟悉考试内容，心态稳定轻松，就能对考试应对自如；相反，如果准备不充分，就容易产生焦虑心理。

呼吸放松法。在考场上感到紧张时，为了不影响考试心态和成绩，我们可以尝试呼吸放松法。首先深深吸一口气，然后屏住呼吸30秒，再放松，呼气30秒。重复以上步骤，坚持3分钟，过度紧张的情绪就可放松下来。

考前过度焦虑会带来不良影响，但适度紧张反而是应考需要的，大学生们只要运用恰当的方法有意识地调整，是能够化解考试焦虑带来的困扰，轻松应考的。

心理小贴士

考试焦虑量表（TAS）

考试焦虑量表适用于大学生考试焦虑的测量。该量表共37道题目，每个问题要求作是或否的二择一回答，总分得分越高表示考试焦虑程度越严重。

请阅读下面的项目，然后根据你的实际情况回答是或否。答案没有对错、好坏之分。

1. 当一次重大考试就要来临时，我总是在想别人比我聪明得多。
2. 如果我将要做一次智能测试，在做之前我会非常焦虑。
3. 如果我知道将会有一次智能测试，在此之前我感到很自信，很轻松。
4. 参加重大考试时，我会出很多汗。
5. 考试期间，我发现自己总是在想一些和考试内容无关的事。
6. 当一次突然袭击式的考试来到时，我感到很害怕。
7. 考试期间我经常想到会失败。
8. 重大考试后我经常感到紧张，以至胃不舒服。
9. 我对智能考试和期末考试之类的事总感到发怵。
10. 在一次考试中取得好成绩似乎并不能增加我在第二次考试中的信心。
11. 在重大考试期间我有时感到心跳很快。

12.考试结束后我总是觉得可以比实际上做得更好。

13.考试后我总是感到很抑郁。

14.每次期末考试之前,我总有一种紧张、不安的感觉。

15.考试时,我的情绪反应不会干扰我考试。

16.考试期间我经常很紧张,以至本来知道的东西也忘了。

17.复习重要的考试对我来说似乎是一个很大的挑战。

18.对某一门考试,我越努力复习越感到困惑。

19.某门考试一结束,我试图停止有关担忧,但做不到。

20.考试期间我有时会想我是否能完成大学学业。

21.我宁愿写一篇论文,而不是参加一次考试,作为某门课程的成绩。

22.我真希望考试不要那么烦人。

23.我相信如果我单独参加考试而且没有时间限制的话,我会考得更好。

24.想着我在考试中能得多少分会影响我的复习和考试。

25.如果考试能废除的话,我想我能学得更好。

26.我对考试抱这样的态度:虽然我现在不懂,但我并不担心。

27.我真不明白为什么有些人对考试那么紧张。

28.我很差劲的想法会干扰我在考试中的表现。

29.我复习期末考试并不比复习平时考试更卖力。

30.尽管某门科目考试复习得很好,但我仍然感到焦虑。

31.在重大考试前,我吃不好。

32.在重大考试前,我发现我的手臂会颤抖。

33.在考试前我很少有"临时抱佛脚"的情况。

34.校方应认识到有些学生对考试较为焦虑,而这会影响他们的考试成绩。

35.我认为考试期间不应该搞得那么紧张。

36.一接触到发下的试卷,我就觉得很不自在。

37.我讨厌老师搞"突然袭击"式的考试。

计分标准:测试者根据自己的实际情况对每个项目答"是"或"否"。计分时,"是"计1分,"否"计0分,但其中第3、15、26、27、29、33题为反向记分,即"是"计0分,"否"计1分。把所有37个项目的得分加起来即为该量表的总分。

结果解释：考试焦虑量表得分12分以下，考试焦虑属较低水平，12~20分属中等水平，20分以上属较高水平。15分及以上表明该被试者的的确确感受到了因为要参加考试而带来的相当程度的不适感。

第四篇
努力成长奔未来

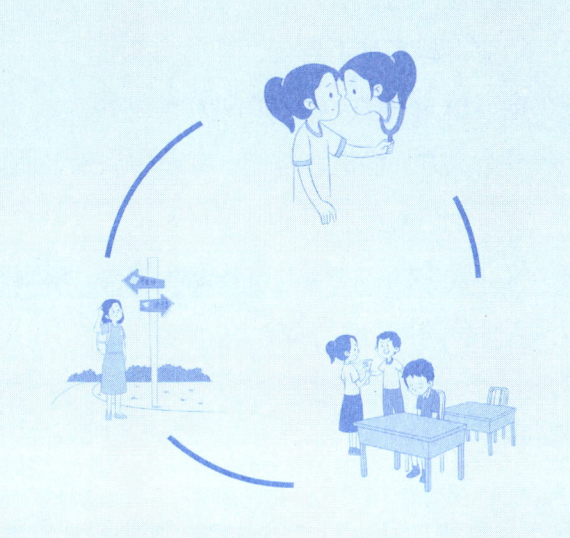

20 为何自己不了解自己？

案例导入

大学一年级新生琳琳最近很苦恼，她发现自己的情绪很压抑，感觉自己适应不了大学生活。她报名加入了学校学生会，还参加了班干部竞选，但是都落选了，这让她感到非常羞愧。她不明白为什么没有得到他人的认可，她难过极了，开始变得越来越不自信，开始自我否定。琳琳一直以来都认为自己是一个大方、懂事、自信、有理想、乐于助人的女生。琳琳去问了自己的朋友，她想知道在朋友眼里自己是一个怎样的人，然而朋友说琳琳是一个小气、爱生气、内向、有些懒散的人。琳琳有点纳闷，为什么自我评价与他人评价差异这么大呢？

心理解读

琳琳对自己的评价与他人对她的评价相差很大，那为什么会产生这么大的差异呢？

自我的乔哈里窗口理论。 心理学家乔瑟夫和哈里提出了关于人自我认知的窗口理论，被称为"乔哈里窗口理论"。他们认为，人对自己的认识是一个不断探索的过程，因为每个人的自我都有四个部分：开放我、盲目我、隐藏我和未知我。通过与他人分享隐藏的自我，通过他人的反馈减少盲目的自我，人对自己的了解就会更多、更客观。

乔哈里窗：

```
              自知
               │
        A      │      C
       开放我   │     隐藏我
  他知 ─────────┼───────── 他不知
        B      │      D
       盲目我   │     未知我
               │
              自不知
```

开放我。"开放我"也称"公众我"，属于公开活动的领域。这个领域是自己知道且别人也知道的部分，如性别、外貌、身高、婚否、职业、能力、成就等。"开放我"是自我最基本的信息，也是了解自我、评价自我的基本依据。

盲目我。"盲目我"属于个体自我认识的盲点。这个领域是自己不知道而别人知道的部分。如一个人的无意识的动作、无意识的表情和语言等，自己觉察不到，但别人却能观察到。

隐藏我。"隐藏我"是自我的隐藏区，属于逃避或隐藏领域。这个领域是自己知道而别人不知道的部分，与"盲目我"正好相反。隐藏我就是我们常说的隐私、个人秘密，留在心底不愿意或不能让别人知道的事情。几乎每个人都有隐藏我，大家也认为这个部分是不能公开的，不能让别人知道的。

未知我。"未知我"也称"潜在我"，属于未知领域。这是自己和别人都不知道的部分，有待挖掘和发现，通常是指一些潜在能力或特性。对"未知我"进行探索和开发，才能更全面深入地认识自我、激励自我、发展自我和超越自我。

自我意识问题。 大学生由于心理尚未成熟，自我意识还在不断发展变化中，每个个体认识自我的视角、方法和途径的差异，导致了自我意识的偏差。

自我意识过强。适度的自我关注、自我分析有利于正确、客观地认识自己，有助于正确地认识自己采取的行为和做法，从而能够及时、适当调整自己的不当行为，克服自己的不足。但也有大学生对自己过于关注，在人际交往中，他们认为自己凡事都是正确的，以致产生种种矛盾冲突。事实上，每个人都有自己表达情绪和想法的非语言信号系统，熟悉我们的人会适应我们的思维和行为方式，能理解我们，但在学校里别人有可能看不懂或者理解不了这种行为方式，因此会产生误解。大学生在集体宿舍里生活，必须学会与他人相处，不要总是以自我为中心，不去理解别人，也不改变自己。

自我意识过弱。从众是一种普遍存在的心理现象，它是在群体舆论的压力下，放弃个人意见而采取与大多数人意见相一致的自我保护行为。从众心理人皆有之，但如果过强，就会阻碍心理发展。在自我认识中，主观的我因自省而产生，就是我如何看待我自己；客观的我因他人而产生，就是我在他人眼里是个怎样的人。主观的我和客观的我经过比较、匹配，最后形成一个"我"，就是现实的我。主观的我和客观的我之间常常产生矛盾。有些大学生过于看重自己在别人心目中的形象，对他人的看法和评价过于敏感。还有一部分大学生缺乏独立意识，没有自己的是非观念和独立见解，不敢自己下判断、做决定，对自己没有信心，总是随波逐流，盲目跟着别人走。

应对之道

自我意识出现问题给琳琳带来了一些困扰，她可以尝试以下办法来解决。

多方面、多途径地了解自我。首先，在日常生活中，大学生对于自己的判断和理解往往较多地依赖于小范围内的社会比较，以及别人对自己的评价，而实际上这样形成的自我概念有很大的局限性，可以较大范围地结合自我评价和他人评价，形成更完整的自我概念。其次，既要从当前的生活环境，也要从自己的生活经历了解自己；既要了解别人对自己的评价、自己与别人的差别，也要了解自己成长变化的过程，形成清晰、全面的自我认识；既要了解自己的能力、身体特征，又要了解自己的性格、品德，以便对自己有一个全面的了解。

客观、真实地面对自我。心理学研究证明，人们对于周围世界的信息选择和理解都会受到自身需要倾向的制约。在日常生活中，一种途径反馈的信息，往往需要从其他途径得到验证，特别是当人们并不直接表达真实想法，甚至口是心非的时候。如果轻易相信或认同成为一种倾向，而对他人对自己的批评或改进建议置之不理，那么，人们的自我概念就会越来越脱离真实自我。琳琳可以结合他人对自己的评价，客观认识自己，真实对待他人的负面评价，结合自身实际情况积极应对并努力改进自己。

寻找正确的参照系。他人是自我的镜子，是自我认识的重要参照。与他人交往是获得自我认识的重要来源。大学生可以通过与同学比较，找准自己的位置，认清自己的优势和不足，从而更加客观和全面地认识自己。但是这种比较往往带有浓厚的主观色彩，应该采用正确的参照系，如关注后天主观的努力，淡化不可改变的先天客观条件。

心理小贴士

自我和谐

自我和谐概念与心理病理学和心理治疗过程有着密切的关系。自我是个体的现象领域中（包括个体对外界及自己的知觉）与自身有关的知觉与意义。同时，个体有着维持各种自我知觉之间的一致性，以及协调自我与经验之间关系的机能，而且"个体所采取的行为大多数都与其自我观念相一致"。如果个体体验到自我与经验之间存在差距，就会出现内心的紧张和纷扰，即一种"不和谐"的状态。个体为了维持其自我概念就会采取各种各样的防御反应，并因而为心理障碍的出现提供了基础。

21 我不喜欢自己怎么办?

案例导入

小华是大一新生,他不喜欢自己,甚至可以说十分讨厌自己。他说自己太在意他人的评价和看法,容易从消极的角度解读别人:"为什么他还不回我消息?是不是我哪儿说错话了?"他总是沉迷于曾经的遗憾、错误和失败,难以原谅过去的自己:"我太差劲了,要是我当时不这么做就好了!"他还总是将自己与别人进行比较,活在对他人的羡慕和嫉妒中:"身边的朋友同学都比我优秀,成绩比我好,长得比我好,家庭条件也比我好"。他实在看不到自己的优点,在他看来,这个世界上最让人讨厌的人可能就是他自己了。小华不敢跟其他人说,怕别人说他无病呻吟,过于矫情,他对接下来的大学生活感到十分无助。

我们只喜欢优秀的自己吗?

心理解读

案例中的小华不喜欢自己,总是觉得自己这也不好那也不好,他无法接受自己的普通和不优秀，这与我们近年来的一个热议话题——"自我接纳"与"自尊"相关。

理解自我接纳，首先需要了解什么是"自我"。一个人的自我意识，是他对自己行为、能力或价值观的感受、态度及评价。它是人类在进化过程中的演化物，也是马斯洛需求层次理论中"自我实现"的特征之一。

首先，一个自我接纳的人能接受自己和他人，不会为自己或他人的缺点所困扰，感到不安，他们能坦然地接受自己的现状，包括自己的需要、水平、愿望，同样也能宽容地对待他人的弱点和问题，从容地生活。

其次，自发、坦率、真实，他们能真实地对待自己的感情，并坦诚地说出自己的感受，不掩饰自己，自然而单纯地表现自己。

很多人在谈论自我接纳的时候只讲到第一部分，而忽略了第二部分，但是这第二部分恰恰是最重要的。真正地接纳，是一种完整的看见，是对于真相各个层面的接受、了解与认同。

如果我们吵架时对家人或朋友说了很多难听的话，事后不愿意去改变，反而接纳自己的坏脾气，那这根本不是全部的事实。但有一点十分值得注意，自我接纳是一个人不断成熟、对自己和世界有更加深刻了解的过程。接纳不是让你安于现状、接受现实、自暴自弃，接纳只是一个开始，接下来的改变才能实现接纳的意义。当我们了解了事物的本质，就会知道每一个人都像是阳光下的植物，是渴望成长的。生命只有不断地向前走，才能找到它的价值和意义。

有心理学家指出：自尊＝自爱＋自我观＋自信。

自爱：能给自己"无条件的爱"。不管贫穷或富裕，成功或失败，都能够接纳自己，相信自己是值得爱的。

自我观：对自己有清晰的认知。我们每个人对自我的认知，跟真实的自我可能是有偏差的，一个人越能客观评估自己的优点和缺点，自我观就越完善，也就是我们说的有"自知之明"。

自信：相信自己有足够的能力去应对生活中出现的问题。

当这三个部分都运转良好，一个人的自尊水平就比较高；当其中的一个或者几个部分出现了问题，就会出现"低自尊"的心理感觉。与着急摆脱"低自尊"的感受相比,更值得关注的是,对"高自尊"的过度追求可能反而会让我们的幸福感下降。当"高自尊"本身成为一项追求的目标时,它可能会带来一些负面的结果:对某个方面(工作、容貌)的过度关注;对"高自尊"的追求可能会让人卷入"患得患失"的焦虑中。

研究表明,相比于自尊高低,自尊的稳定性可能对一个人的心理健康更加重要。

应对之道

我们不是为了接纳而接纳,而是为了成为更好的自己而接纳,当你接纳了自己的不足,别忘了改变。要接纳真实的自己,首先需要认清自己。"乔哈里窗"可以帮我们探索自我认知中的盲区,我们需要做到以下几点:

把盲目区转化为开放区。比如你可以多问问别人,尤其是与你有亲密互动的同事、朋友、家人:对于我来说,你觉得有什么是很重要,但我没有意识到的东西呢?你认为我有哪些优点呢?往往会有很大的收获。

把隐藏区转化为开放区。也就是更多地跟别人分享隐藏区的事情。比如你的优势,你对一件事的看法,你的情绪,通过他人的反馈,你会对自我有更客观的认识,这会促进你的自我接纳。当然,自我暴露也是有风险的。你可以找出自己愿意分享的部分,按难度排序,一点点来练习。

把未知区转化为开放区。让自己进入不太熟悉的环境尝试新的经历。每个人都是不完美的。接纳自己现在的状态没有错,但是千万不要忘记时常问问自己:我希望把什么样的自己展示给世界?我愿意创造什么给这个世界?我可以贡献一份怎样的美好给世界?我能够做些什么,成为自己更喜欢的自己?

生命是一个不断向前的过程,它要朝着更高、更好的方向发展。这是我们需要了解和接纳的最重要的事。

心理小贴士

镜中我

"镜中我"理论认为,人的行为在很大程度上取决于对自我的认识,而这种认识并非孤立形成,而是通过与他人的社会互动逐渐构建的。在这个过程中,他人对自己的评价、态度等就像是一面镜子,个人通过这面"镜子"来认识和把握自己。因此,库利将这个过程形象地称为"镜中我",即个体在社会互动中形成的自我认知。

然而,真正的自我悦纳,不仅仅是基于外界评价的反射,更是内心深处对自我价值的深刻认同与接纳。这意味着我们需要学会从内心出发,构建一个稳定而积极的自我形象,不被外界的喧嚣轻易动摇。

22 我有"容貌焦虑"怎么办？

案例导入

大二的小李"天生的塌鼻梁、宽眼距、皮肤暗沉、闭口过多、上臂太粗……"她可以列举出一堆自己颜值上的"不足"。为了弥补这些"不足"，她不放过任何捯饬自己的方法：每月的生活费大部分都用在了购买美容仪器、护肤品和服装上；尽量保持素食，炒青菜也得过一遍清水再入口；还专门报班上了化妆课，每天早起花一个多小时涂涂抹抹……带着明艳动人的妆容，小李拿捏着姿势，自拍、修图、发朋友圈，然后再收获点赞，这成了她每天的开心源泉。可到了睡前卸妆后看到素颜的自己，小李难过的情绪又被释放了出来。她无奈地说，自己在素颜状态下甚至不敢出门。

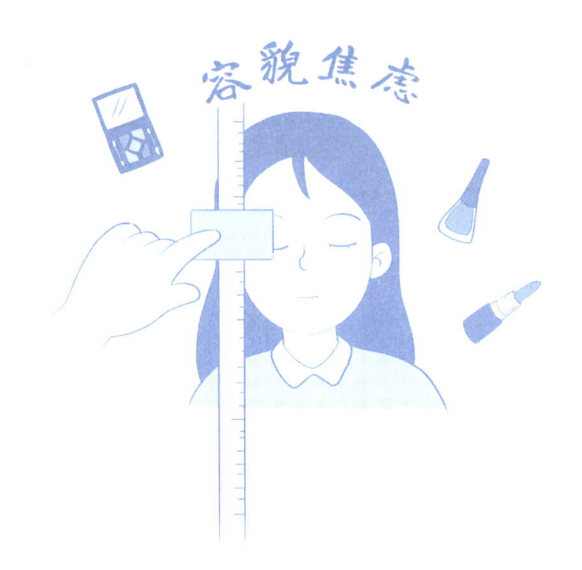

小李如何才能摆脱因容貌焦虑带来的困扰？

心理解读

容貌焦虑，指个体因忧虑自己的外貌达不到外界对于美的标准，预期会受到他们的消极评价，从而处于担忧、烦恼、紧张和不安的情绪之中。2021年，一份面向全国2063名高校学生发起的关于容貌焦虑的调查问卷结果显示，近六成的大学生存在一定程度的容貌焦虑。《2021中国职场女性洞察报告》则表明，超五成的职场女性有容貌焦虑，"90后"容貌焦虑的占比最高，达60%。引发容貌焦虑的原因排名前三的分别是"跟别人一起合照时"，"面试找工作时，感觉容貌好的人相对更容易找到工作""部门来了漂亮（帅）的同事，更容易被领导和同事赏识"。爱美之心，人皆有之。如今的年轻人对于美的认知定义和"变美"的尺度把控远远不同于上一代人。大学生们整容已经算不上新鲜事。年轻人整容的理由各式各样：有人为了顺利"脱单"；有人想利用高颜值降低找工作的难度；有人为了"出道"成明星。更多的人则是为了缓解容貌焦虑。

那么容貌焦虑从何而来呢？

不难看出，这种焦虑情绪具有很强的社交属性，很多人焦虑的并不是自己美不美，而是别人认为自己美不美。社交圈层的扩大，对于高强度、快节奏生活的人来说，任何略带负面的评论都是敏感的。而最直观的、最易形成对比的容貌，无疑成了绝大多数人的软肋。即便理性的声音——大可不必太在乎，在脑子里回响，可相当多的人内心还是过不了这个坎儿，一种自我认知的失调状态就此不断萌生、壮大，推动着他们不断尝试弥补所谓不完美的缺憾，陷入更深的焦虑情绪中。有些容貌焦虑甚至是病态的，是一种高焦虑状态，需要及时就医干预。

容貌焦虑又有何表现呢？

1.总觉得自己不好看，不断重复地照镜子。

2.非常关注在他人看来微不足道的外貌缺陷。

3.总认为别人会以消极的方式关注你的外貌或嘲笑你。

4.不断地将自己的外貌与他人进行比较。

5.想通过整形去调整自己的面部和身形。

6.过度热衷于了解各种美容整形等讯息。

7.因为外貌原因而回避社交。

8.花大量时间在化妆打扮上，尤其是临出门前还要反复确认。

9.排斥和别人讨论外貌等相关话题。

如果有以上4条或更多的表现，说明你可能存在容貌焦虑的心理。

应对之道

如何才能摆脱容貌焦虑呢?

注意饮食。容易长痘出油的朋友,可以少吃重口味的东西,尽量吃清淡一点,并且勤于护肤,做好防晒补水等清洁工作;想要减肥的朋友,可以通过运动或控制碳水化合物的摄入量进行体重管理。

习惯养成。对自己容貌不满意的时候,可以尝试选择用服装搭配、化妆修饰等方法进行弥补,而不是养成自暴自弃、焦躁难安的习惯。每隔一段时间就为自己规划一个想要学习的小爱好或者小技能,并且为之坚持下去,自我肯定,获得成就感。尽量不要时时刻刻惦记那个把颜值放大的显微镜,养成不和别人攀比的习惯,做自己并且正视自己最重要。

接纳自己。学会自爱和自我欣赏,以积极健康的方式为自己辩护,才能破除错误的个人认知、悦纳自我;摆脱一部分人的审美标准,实现真正的审美自由。

心理小贴士

容貌焦虑小测试

社会容貌焦虑量表由加拿大心理学家哈特等人于2008年编制,主要用于评估个体对于自身整体外在形象的焦虑程度。该量表由16个项目构成,每个项目均采用李克特5点评分法,旨在让被试者通过自我评价,对自身的焦虑程度进行量化评估。评分越高,表示个体的容貌焦虑程度越高。

请根据实际情况回答下面的题目,1代表完全不符,2代表有些不符,3代表不确定,4代表有些符合,5代表完全符合。

1. 我满足于自己的外貌表现力。
2. 在拍照时我会紧张。
3. 对于他人的关注,我会产生不安情绪。
4. 我担心外貌会成为不被人喜欢的理由。
5. 我担心自己的外貌缺点被他人议论。
6. 我担心别人认为我的外貌不具有魅力。
7. 我害怕自己的外貌没有吸引力。

8.我担心外貌会阻碍自己的人生发展。

9.我发现外貌使我失去了很多机会。

10.在与他人谈论外貌话题时，我会感到紧张。

11.我会焦虑于他人谈论我的外貌。

12.我会焦虑于自己的外貌达不到他人的要求。

13.我担心自己的外貌获得他人的负面评价。

14.我会因为别人发现了我的外貌缺点而不愉快。

15.我焦虑于外貌会成为影响感情的负面因素。

16.我焦虑于外界对我产生消极的外貌评价。

计分及结果解释：以上16种表现，每种表现分为从1（完全不符合我的情况）到5（完全符合我的情况），5个评分等级。若多数指标得分偏高，则反映出较高的容貌焦虑倾向。

23 我是不是没主见？

案例导入

小可是某师范学校一名艺术专业研三的学生，她很愿意当一名中小学教师，教可爱的孩子们，因此暑假期间她就开始准备参加某中小学教师招聘考试。但是小可的一个亲戚说认识一位教授，让她听听这位教授的建议，这位教授认为一直优秀的她应该趁着年轻继续读博。于是小可陷入了纠结，她觉得教授的话有道理，但她内心又并不想考博。在犹豫中，小可参加教师招聘考试因准备不充分没考上，考博也最终没有参加，为此还耽误了毕业论文的写作。一晃进入研三下学期，眼看就要论文盲审了，小可工作没着落，论文没完成，前程暗淡。此刻的她焦虑万分，她很后悔为什么没有按自己的心意来努力而听从了他人的建议，似乎身边的人总是会影响她，而这些明明不是她想要的。小可很迷茫，为什么自己做选择时总会受到别人的影响呢？

心理解读

案例中的小可有自己真正喜欢或者想追求的目标,但是在他人给出建议时仍然会为之纠结,怀疑自己,无法选择,最终后悔没有按照自己的心意来。现实中也有很多人有过"盲从"他人的经历,我们来分析一下其中的心理学原理。

从众心理,是指个人受到外界人群行为的影响,而在自己的知觉、判断、认识上表现出符合于公众舆论或多数人的行为方式。阿希实验表明,只有小部分人能够保持独立性,不从众,因此从众心理是部分个体普遍所有的心理现象。个体在对事情的详细情况不了解时,容易产生从众心理。比如我们去饭店吃饭,如果一家店到了饭点还依然没什么客人,那么很多人是不会选择这家店的。反过来,如果某家店里的人很多,甚至出现取号等候就餐的情况,那么在时间允许的情况下,很多人宁愿等上一会儿,也要在这家吃。原因很简单,这其实就是从众心理在起作用。别人说漂亮的景点才会去旅行,别人说好看的电影才会去看,这是我们的"通病",我们听从了"他们说"。

从众产生的环境条件使某些情境看起来特别有影响力。例如,从众会受到群体特征的影响。当面临意见一致或多个有吸引力的人时,人们最容易从众。如果个体是在公众场合作出反应并且没有作出事先承诺,那么人们也最容易从众。不仅如此,一个人对某个问题自信心的大小和他的从众性成反比,而对某个问题自信心的大小又与他掌握知识的准确度成正比。一般情况下,随着问题困难程度的增加,人们的自信心就会减弱,从众的可能性就会增大。除此之外,如果个体缺乏独立思考能力,依赖性很强,那么他们在学习生活中遇到问题,选择自己的人生道路时,往往倾向于请教别人或参照他人,进而发生从众现象。案例中的小可,处在毕业还是就业的关键时刻,是去当一名自己喜欢的中小学教师,还是继续深造提升学历,她的个人阅历和掌握的信息并不丰富也使得选择的难度增加,此时一名大学教授对她的影响会占据上风,强过她个人的意愿,但她终究还是觉得读博并不是她的本心,因此在纠结和怀疑中错失机会,导致后悔。

大学生是一个特殊的群体,心理上还不完全成熟,社会经验还不够丰富,世界观、人生观还未完全形成,在日常生活和学习中表现出更加明显的从众倾向，既有积极的从众行为，也有消极的从众行为。有的宿舍成员英语过级者比较集中，有的宿舍成员集体出动参加各种等级证书培训，这些都是积极的从众行为。而比如在看到别人找什么工作，或者干哪一行挣钱多便盲目随潮流，在没有弄清自己的能力和目标的情况下便选择热门职业或拒绝另一些职业，这些就是消极的从众行为。不盲目从众才能开拓出新的思路。

应对之道

处在迷惘中的小可怎样才能提升自主决定的能力呢？推荐以下几个方法。

保持内心的强大。要让自己的内心充实起来，内心的充实、强大源于不断学习和历练。当自己掌握的知识越来越丰富、经历的事情越来越多、能力越来越强时，自信也会随之增长，此时做或不做什么自己都有充分的理由，这时你也不会因为别人的建议而改变什么，有自己的行为原则和处事风格。

敢于表现自己，积极试错。很多时候如果不主动表现自己，别人很难发现你身上的闪光点，你会因此失去成功的机会。在试错的代价和成本都很低的情况下，可以通过试错的方式，试试自己做决定的结果如何。

克服从众心理。陶冶自己的情操，有自己的兴趣爱好。往往有自己的兴趣爱好时会让人更清楚自己想要什么。你未必是错的，但是听听其他建议，会让你萌生更好的想法。

综合分析利与弊。分析自己的需要和未来目标，参考他人的意见，但更应独立思考，综合分析利与弊，合理选择自己的人生道路。

心理小贴士

从众心理与羊群效应有何不同？

造成行为的条件不同。从众心理是由成员本身的特点引起的，如经验不足、阅历浅、自信度低、成功感弱等，这些特点容易让成员受到众人意见的影响，从而产生从众行为。从众行为不涉及群体内部的竞争，而是一种适应性行为。羊群效应是由于资源有限，人与人之间、行业与行业之间存在激烈的竞争，领头羊式的角色常常成为人们关注的焦点。当领头羊作出新的选择时，往往会引导其他人或企业也跟着作出同样的选择。

行为的理性程度不同。从众行为不是一种预期理性行为，人们只是盲目地随波逐流，不计后果地进行某种行为。羊群行为是一种预期理性行为，人们通过模仿领头羊的行为预期达到自己的预期结果。虽然预期希望常常不能如愿以偿，但在作出选择之前，人们有一种理性的预期希望。

24 为什么目标常立常倒？

案例导入

刚刚步入大学的小杰对大学生活充满了向往和期待，他告诉自己：不管以前自己虚度了多少光阴，但崭新的目标立马就得安排上。在大一开学之际，他给自己立了多个目标，比如要背多少单词、要备考什么证书、要拿到什么奖学金、要减肥多少斤、要坚持做什么样的体育锻炼等，各种各样。在刚刚开学的几天，他确实每天都完成得很好，每天都在朋友圈晒"打卡"。但是没过几周，他就渐渐松懈下来。"每天完成目标太累了，还是躺着玩手机舒服。"因为自己的执行力太差，很多事情都是半途而废、虎头蛇尾。不过没关系，一个旧的目标倒下去，一个新的目标不久就会立起来。就这样周而复始，在不停地发誓努力和半途而废之间，小杰不知不觉地度过了大一。

为什么小杰辛辛苦苦立了这么多目标，却一个也实现不了呢？

心理解读

相信大多数的大学生在新学期伊始都跟小杰一样，充满着对大学生活的期待，希望自己在新的学期能够达到新的目标，学到新的技能。但是到了学期末，真正能够完成当初的目标的同学却凤毛麟角。为什么大部分同学立的目标都是有始而无终呢？

在心理学上，上述案例中，这种"立目标"是"错误愿望综合征"的一种表现，是21世纪初由加拿大心理学家提出来的概念，它是指：许多人在自我改变之前，先形成了很多关于自我改变的美好前景假设，相信自我改变将会从根本上转变他们的形象——从一个自我放纵、懒惰的人，变成一个自律、勤奋、有雄心、生活成功的人。例如，通过健身，可以重新塑造身材、提高个人魅力、开拓社会生活空间。又如，克服拖拉习惯、培养效率意识之后，干什么都会事半功倍，赢得广泛好评。当自我改变的耐心受到挑战时，"让自我克制的心情放松一下"成为对美好期待迟迟不来的自我放纵和报复行为，自我改变的计划就此破产，所以称之为"错误愿望综合征"。社会心理学家勒温在1926年提出过"心理替代"作用的概念：大脑会把你说的，当成你做的。立下目标并在公众场合表达出来，虽然有满满的仪式感，但语言也会给心理造成错觉，产生一种已经完成了的愉悦感，不知不觉之中把"制订目标"和"完成目标"画上等号，导致动力大大减少，最终让目标轰然倒下。

下面我们来看看影响我们完成目标的因素有哪些。

意志力薄弱。意志是有意识地支配、调节行为，通过克服困难，以实现预定目的的心理过程。意志是人类特有的心理现象，也是人的意识能动性的表现。受意志支配的行为叫作意志行动，是有意识、有目的的行动，其目的必须克服一定的困难和挫折才能达到。我们平时立的目标一一倒下，有一部分原因是我们的意志力不够，提升意志力可以从以下两个阶段入手。

准备阶段。作为意志行动的开始阶段，它是实际行动之前在头脑里的活动阶段。决定着意志行动的方向，是意志行动的动因。这一阶段一般包括动机斗争、目的确定、行动方法的选择和计划的制订等环节。

执行阶段。执行决定是意志行动、情感体验和认知活动协调作用的过程，也是克服各种困难、挫折的过程。

注意力分散。注意是指心理活动对一定对象的指向和集中，是伴随着感知觉、记忆、思维、想象等心理过程的一种共同的心理特征。注意有两个基本特征：一是指向性，是指心理活动有选择地反映一些现象而离开其余对象；二是集中性，是指心理活动停留在被选择对象上的强度或紧张度。指向性表现为对出现在同一时间的许多刺激的选择，集中性表现为对干扰刺激的抑制。

注意力的产生及其范围和持续时间取决于外部刺激的特点和人的主观因素。当我们下定决心做某件事时，可能短时间内注意力能够保持在这件事上，但是没过多久就容易被外界环境影响，比如手机屏幕亮起，室友在宿舍聊天、打游戏，窗外的鸟叫声，等等。当注意力被外界事物分散时，再回到当前的事情反而需要更集中的注意力、更多的认知资源。久而久之，计划好的事情一次次被打乱节奏、拖延，到最后也就不了了之。

动机下降。动机是激发和维持有机体的行为，并使行动导向某一目标的心理倾向或内部驱力。动机有外部动机和内部动机之分。外部动机指的是个体在外界的要求或压力的作用下所产生的动机，内部动机则是指由个体的内在需要所引起的动机。

学习动机是指直接推动学生进行学习的一种内部动力，是激励和指引学生进行学习的一种需要。心理学家认为，当学习动机处于中等程度时，对学习具有最佳的效果。学习动机过弱不能激发学习的积极性，学习动机过强反而又会造成学习效率的降低。动机的最佳水平随任务的性质不同而不同。在比较容易的任务中，工作效率随动机的提高而上升；随着任务难度的增加，动机的最佳水平有逐渐下降的趋势。

在新学期伊始，大学生的学习动机得以激发，在学习动机的驱使下，给自己设定了一些目标。但是时间久了，学习的内在需要减少，学习动机也就减弱，此时学习行为就失去了重要的意义，因此，当初设定的目标也成了虚设。

应对之道

很多大学生跟小杰一样，刚刚从紧张的高中生活过渡到相对轻松的大学生活，存在着一定的懈怠心理，适当的放松有助于身心健康，但是过度的放松会使学习成绩明显下降，养成不良的学习习惯。在此我们提供几种维持目标的方法。

制订具体的学习计划。刚开学时，大学生往往对自己要求比较高，因此制订的学习计划也具有一定的难度，可操作性不强，且比较笼统。在完成计划时更容易受到挫折，打击自信心。因此，在制订计划时，应该从小目标开始，逐步制订计划，既不要过于严格，也不应太过轻松；制订计划还应着眼于实际情况，针对自己的情况来进行合理的要求。如果长远的计划不易实现，可以先制订短期计划，如周计划、半月计划。

选择合适的环境。 学习环境对学习效率的影响尤其重要，对于容易受外界影响的同学来说，在寝室学习可能会遇到很多阻碍——温暖的床、友好的室友、寝室的内务等，这类同学更适合去图书馆或者自习室学习。图书馆或自习室具有良好的学习氛围、安静的环境，可以使人静心学习，提高学习效率。

把握学习的节奏。 让学过的知识在记忆中保持较长时间的一个秘诀就是周期性复习，考前突击可不行。加州大学圣地亚哥分校的道格·罗勒和哈罗德·帕施勒指出，最佳的复习周期为所需记忆储备时间的10%～30%。举个例子，假如你将在11天之后测试今天所学的内容，那么第一次复习的最佳时间将会是在1天以后；同理，假如你的考试是在7个月之后，那么1个月之后再来复习是比较合适的。结合艾宾浩斯的遗忘曲线来制订复习计划，可能会获得更好的效果。

由此可见，使我们的目标不能实现的不仅有内在的原因，也有外在的原因。只有我们在尽量控制外界因素的同时，又保证自身能够有坚强的意志力、持久的注意力和长期的、恰当的学习动机，把握好这些内因和外因，我们立的目标才将一一实现。

心理小贴士

注意力测试

舒尔特方格最初是为了训练飞行员的注意力而设计的，通过在一张方形卡片上画上1cm×1cm的方格，并在格子内填写阿拉伯数字1～25，训练者需要在规定时间内按顺序找出并读出这些数字，以此来锻炼视觉神经末梢和集中注意力的能力。

下面我们用舒尔特方格锻炼一下专注力。画一张有25个小方格的表格，将1～25的数字顺序打乱，填在表格里面，然后以最快的速度从1数到25，要边读边指出，一人指读一人计时。

1	17	6	13	9
14	19	24	2	20
7	22	10	4	12
16	3	18	15	8
11	21	5	23	25

17	2	16	9	13
5	14	20	24	1
19	8	12	6	22
11	23	3	18	25
7	15	21	10	4

11	21	17	5	24
19	2	25	12	8
4	18	9	15	23
13	6	3	22	1
10	20	14	7	16

22	1	18	10	25
13	8	14	20	6
4	16	7	2	23
19	3	9	15	11
21	17	12	5	24

计分标准：指读完25个数字的时间越短，说明注意力水平越高。

结果解释：5～6岁，30秒内优秀，46秒内为中等水平。7～11岁，20秒内优秀，36秒内为中等水平。12～17岁，16秒内优秀，26秒内为中等水平。18岁以上成人，12秒内优秀，16秒内为中等水平。

25 为什么我总是害怕失败？

案例导入

小明和众多的大学毕业生一样，开始面临择业的问题。可是当打印简历时，他发现自己的技能一栏是空白的，而室友们的履历却十分精彩，小明陷入了深思……其实小明并不是从来没有准备过这些，大一刚入学时，满腔热血的小明和室友们一起报名了某技能大赛，可是都在第二轮被刷了下来。但是室友们重整旗鼓继续参赛，而小明呢，因害怕失败又报名了其他的比赛，但成绩总是不尽如人意。一次次的失败让小明逐渐怀疑、否定自己，开始拒绝参加各种技能考试。而反观室友们，他们虽然也是一次次失利，但是在不断改进中，终于通过了考试，还在第二年的比赛中取得了不错的成绩。

为什么小明无法和同学们一样取得进步呢？

心理解读

我们常说"失败是成功之母",可是事实上很少有人不怕失败,有的人因害怕失败而从来没有尝试过。就像小明这样,甚至陷入深深的自我怀疑,也许还会因为"畏手畏脚"而错失良机。

成就动机理论。成就动机理论是美国哈佛大学教授麦克利兰等人在20世纪50年代创立的一种激励理论。成就动机是人们追求卓越、追求成功的一种内驱力,成就动机的核心是一种追求高标准的倾向。西方学者将成就动机定义为"个人对自己认为重要的或有价值的任务,不但愿意去做,而且力求达到更高标准的内在心理过程"。

成就动机可以进一步划分为趋近性和回避性的两个因素,分别称为追求成功的动机和回避失败的动机。前者关注的是如何获得成功,而后者关注的是如何避免失败。在追求成功的动机影响下,个体会主动从事重要任务,并会选择有利于任务高质量完成的策略,坚持努力,以求成功。在回避失败的动机影响下,个体面对重要任务时可能会采取两种不同的方式,其一是消极防御性的,个体力图逃避任务以避免失败;其二则较为积极,个体会非常努力以避免失败。麦克利兰以此来解释人们在工作中的动机。这种理论认为,成就动机具有挑战性,可以引发人的成就感,增强奋斗精神,对人们的行为具有重要的影响作用。麦克利兰通过研究发现,高成就动机的人特别喜欢具有一定难度的工作,而低成就动机的人则倾向于选择最容易成功的简单工作。

成败归因理论。美国认知心理学家韦纳发展了归因理论并提出了著名的成败归因理论。韦纳把人经历过事情的成败归结为六种原因,即能力、努力程度、工作难度、运气、身心状况、外界环境,又把上述六种因素按各自的性质,分别归为三个维度:内部归因和外部归因、稳定性归因和不稳定性归因、可控制归因和不可控制归因。通过归因训练,个体可以获得各种形式的归因反馈信息,从而消除归因偏差,形成积极的情感和期望。

应对之道

小明如何走出一次次失败的不良影响呢?他可以尝试以下的方法。

追求成功。 首先要有追求成功的想法，才会有为之努力的行为。我们要学会聆听自己的内心，对某件事情的热爱，是一种情绪，是一种由内而外的感受，只能由自己的身体来向你传达。

体验成功。 光有想法显然是不够的，在有了想法之后，我们需要付诸行动。多次的失败体验会给个体带来"习得性无助"。我们应该提供足够多的成功体验，这样才能建立起"我可以"的心理模式，继而更加努力。

摆正心态。 逆境与顺境转变的关键是心态，人生有一样东西是别人拿不走的，就是在特定环境下选择自己生活态度的自由。所以我们所经历过的，不是包袱而是经历，是智慧，在这个基础上去完善、提升自己，才能不断进步。

心理小贴士

成就动机量表

成就动机量表为1970年编制，我国研究者叶仁敏于1992年对量表进行中文版修订，适用于大中学生成就动机的测量。此量表共30个项目，由两部分组成，采用4点计分方法，分别为追求成功的动机（M_s）和避免失败的动机（M_{af}）两个维度。分别测定趋向成功和避免失败的动机。

请认真阅读下面的每个句子，判断句中的描述符合你的情况的程度。请选择①～④来表示你认为的符合程度，数字越大表示越符合。每一题都要作答。①完全不符合。②有些不符合。③基本符合。④非常符合。

测试内容：

1. 我喜欢新奇的、有困难的任务，甚至不惜冒风险。
2. 我在完成有困难的任务时，感到快乐。
3. 我会被那些能了解自己有多大能力的工作所吸引。
4. 我喜欢需要尽最大努力才能完成的工作。
5. 我喜欢对我没有把握解决的问题坚持不懈地努力。
6. 对于困难的任务，即使没有什么意义，我也很容易陷进去。
7. 面对能检测我能力的机会，我觉得是一种鞭策和挑战。
8. 我会被有困难的任务吸引。
9. 那些我不能确定是否能成功的工作，最能吸引我。

10. 给我的任务即使有充裕的时间，我也喜欢立即开始工作。
11. 能够检测我能力的机会，对我是有吸引力的。
12. 面临我没有把握克服的难题时，我会非常兴奋、快乐。
13. 如果有些事不能立刻理解，我会很快对它们产生兴趣。
14. 对我来说，重要的是挑战有困难的事情，即使无人知道也无关紧要。
15. 我希望把有困难的工作分配给我。
16. 我讨厌在完全不能确定会不会失败的情境中工作。
17. 在结果不明的情况下，我担心失败。
18. 在完成我认为有困难的任务时，我担心失败。
19. 一想到要去做那些新奇的、有困难的工作，我就感到不安。
20. 我不喜欢那些检测我能力的场面。
21. 我对那些没有把握能胜任的工作感到忧虑。
22. 我不喜欢做我不知道能否完成的事，即使别人不知道也一样。
23. 在那些检测我能力的情境中，我感到不安。
24. 对需要有特定机会才能解决的事，我会害怕失败。
25. 那些看起来相当困难的事，我做的时候很担心。
26. 我不喜欢在不熟悉的环境下工作，即使无人知道也一样。
27. 如果有困难的工作要做，我希望不要分配给我。
28. 我不希望做那些要发挥我能力的工作。
29. 我不喜欢做那些我不知道我是否胜任的工作。
30. 当我遇到我不能立即弄懂的问题时，我会焦虑不安。

计分标准："完全符合"计1分，"有些不符合"计2分，"基本符合"计3分，"非常符合"计4分。

1～15题分数相加，计总分为M_s，M_s的分数代表追求成功的动机；

16～30题分数相加，计总分为M_{af}，M_{af}的分数代表回避失败的动机。

动机总得分 $=M_s-M_{af}$

结果解释：$M_s-M_{af}>0$时，表明成就动机强。分值越高，成就动机越强。这说明个体对人生有自己的看法，有追求成功的强烈愿望，喜欢做有挑战性的任务，愿意为自己设置高目标。肯冒风险，喜欢尝试新事物，希望在竞争中获胜。活动过程中积极主动，愿意承担责任。对工作或学习，只要下定决心，即使遇到困难也会坚持到底。

$M_s-M_{af}=0$ 时，表明成就动机中等，追求成功和害怕失败相当。这说明个体有时愿意承担一定难度的任务，并能承担一定的责任。对任务的看法很大程度上受情绪的支配。在给成功与失败归因时，态度往往不稳定，情绪消极时会对自己的信念、目标有所怀疑。

$M_s-M_{af}<0$ 时，表明成就动机弱。分值越低，成就动机越弱。这说明个体认为事情成功与否，机会比努力、能力更加重要，通常不愿意面对挑战性的任务，不喜欢参加与他人竞争的活动；做事情没有明确目标，无坚定的信念；工作中可能会表现得比较保守。在集体活动中不太愿意承担责任，出现问题时，可能会喜欢抱怨他人，回避责任，听之任之。

26 继续深造还是进入职场？

案例导入

孙同学是一名本科大三学生，即将步入大三下学期的他开始迷茫，不知道路在何方。周围的同学、朋友有的在准备找工作，已经开始联系实习单位了；有的在准备考研，正忙着选学校和做好考研规划。面对考研与就业，孙同学陷入了纠结：选择考研，怕自己实力不够，准备一年不一定能考上；选择就业，又怕自己没有学历优势，找不到好工作。面对剩下的一年大学时光，孙同学该何去何从？

心理解读

进入大三，像孙同学这样开始纠结要不要考研的同学非常多，因为考研的准备时间往往需要一年以上，而就业的门槛也越来越高，也要有相应的积累，同样要付出时间和精力去准备，大部分同学都无法同时兼顾。

考研还是就业，选择取决于个人的职业规划、兴趣和实际情况。

我们先来比较一下考研和就业各自的优缺点。

选择考研，选择的是继续深造，未来三年你可以继续在专业、学历上得到提升，研究能力得到提高。深化专业知识可以让你接触到更高的学术资源，培养独立研究的能力，为未来的学术或专业工作打下坚实基础。学历的提升也会让你在未来的就业市场上具有更高的竞争力，尤其在职称评定和晋升中更具优势。而如果你对学术研究有浓厚兴趣，读研的过程会满足这一需求，提供更多的研究机会，让你的创新能力得到开拓。

但同时我们也要看到，考研耗费的时间成本较大，也会面临一定的经济压力。考研需要投入大量时间和精力，甚至很多考生连续考几年也未必能考上，并且研究生阶段的学习压力较大，需要全身心投入。研究生期间的经济压力较大，需要家庭或个人承担较高的学费和生活费用。

再来看看就业，早日踏入职场可以积累实践经验，实现经济独立，规划职业发展。通过工作，你可以接触到实际业务，提升职业技能，建立人脉关系，为未来的职业发展打下坚实基础。就业还可以让你快速实现经济独立，减轻家庭负担。而且在工作中，你可以更好地了解自己的兴趣和优势，为未来的职业规划提供依据。

当然，现实中的就业也不是那么理想，竞争压力大，职业发展受限也是常见的现状。当前就业市场竞争激烈，找到满意的工作机会相对较少。某些职位或行业可能更倾向于招聘高学历人才，导致就业机会受限。

除了现实的比较分析，我们还可以根据个人的特质来进行职业选择和匹配。约翰·霍兰德曾提出霍兰德职业兴趣理论，可以为大学生们未来职业选择和规划提供一定的指导。霍兰德认为人的人格类型、兴趣与职业密切相关，兴趣是人们活动的巨大动力，凡是具有职业兴趣的职业，都可以提高人们的积极性，促使人们积极地、愉快地从事该职业，且职业兴趣与人格之间存在很高的相关性。霍兰德认为人格可分为社会型、常规型、现实型、研究型、艺术型和企业型六种类型。

社会型： 喜欢与人交往、不断结交新的朋友、善言谈、愿意教导别人。关心社会问题、渴望发挥自己的社会作用。寻求广泛的人际关系，比较看重社会义务和社会道德。匹配的典型职业有：教育工作者（教师、教育行政人员），社会工作者（咨询人员、公关人员），等等。

常规型： 尊重权威和规章制度，喜欢按计划办事，细心、有条理，习惯接受他人的指挥和领导，自己不谋求领导职务。喜欢关注实际和细节情况，通常较为谨慎和保守，缺乏创造性，不喜欢冒险和竞争，富有自我牺牲精神。匹配的典型职业有：秘书、办公室人员、记事员、会计、行政助理、图书馆管理员、出纳员、打字员、投资分析员等。

现实型：愿意使用工具从事操作性工作，动手能力强，做事手脚灵活，动作协调。偏好于具体任务，不善言辞，做事保守，较为谦虚。缺乏社交能力，通常喜欢独立做事。匹配的典型职业有：技术性职业（计算机硬件人员、摄影师、制图员、机械装配工），技能性职业（木匠、厨师、技工、修理工、农民、一般劳动）。

研究型：思想家而非实干家，抽象思维能力强，求知欲强，肯动脑，善思考，不愿动手。喜欢独立的和富有创造性的工作。知识渊博，有学识才能，不善于领导他人。考虑问题理性，做事喜欢精确，喜欢逻辑分析和推理，不断探讨未知的领域。匹配的典型职业有：科学研究人员、教师、工程师、电脑编程人员、医生、系统分析员等。

艺术型：有创造力，乐于创造新颖、与众不同的成果，渴望表现自己的个性，实现自身的价值。做事理想化，追求完美，不重实际。具有一定的艺术才能和个性。善于表达、怀旧、心态较为复杂。匹配的典型职业有：演员、导演、艺术设计师、雕刻家、建筑师、摄影家、广告制作人、歌唱家、作曲家、乐队指挥、小说家、诗人、剧作家等。

企业型：追求权力、权威和物质财富，具有领导才能。喜欢竞争、敢冒风险、有野心、有抱负。为人务实，习惯以利益得失即权力、地位、金钱等来衡量做事的价值，做事有较强的目的性。匹配的典型职业有：项目经理、销售人员、营销管理人员、政府官员、企业领导、法官、律师等。

霍兰德的职业兴趣理论强调人格类型与职业环境的匹配。他认为，当一个人的职业兴趣与其人格类型相匹配时，可以提高工作的积极性和满意度。例如，现实型的人适合从事技术性工作，研究型的人适合科研工作，艺术型的人适合创意工作，社会型的人适合社交工作，企业型的人适合管理工作，常规型的人适合行政和事务性工作。

所以当我们在纠结要不要考研从事科研工作，还是去从事实践工作时，不妨去评估一下自己的职业兴趣，据此来做一些未来的规划。

应对之道

孙同学面对选择的纠结，可以试着做一些全面的分析与自我评估，综合多种因素后，做出选择。

灵活看待考研与就业。考研和就业并不是对立的选项，而是相辅相成的。许多人在考研后仍会选择就业，而就业后也可能发现需要继续深造的地方。因此，可以根据自身情况和发展需求做出灵活调整。

结合个人情况做出选择。根据个人的兴趣、职业规划、专业背景和经济状况等因素综合考虑。考虑自己的兴趣和职业规划，选择最适合自己的道路：如果你对学术研究有浓厚兴趣，考研可能更适合；如果你希望快速融入社会并积累实践经验，就业可能更好。考虑自己的专业背景，如果自己的专业本科毕业后直接就业也有很好的发展机会，那么先就业也不错。考虑自己的经济状况，根据家庭经济状况和个人经济需求，选择更适合的经济负担方式。无论选择哪条道路，都需要付出努力和坚持。

提高自身能力素质，增强竞争力。当前社会就业形势对人才的综合素质要求越来越高，大学生必须提高适应社会的能力，应该有意识地加强以下几种能力的培养：职业能力；组织管理能力；表达能力；学习能力；交际能力；创新思维能力；掌握信息能力；生存能力。

培养良好的心理素质，适应社会需要。大学生应着重培养以下优良心理素质：能正视现实，正确认识就业形势和政策，对矛盾和困难能正确处理；有自知之明，能够正确认识自己；具有较强的协调人际关系的公关能力，有良好的行为举止及较强的口头和书面表达能力；具有驾驭自己情感的能力；具有坚强的意志和顽强的毅力。

心理小贴士

迈尔斯-布里格斯类型指标（MBTI）测试

迈尔斯-布里格斯类型指标（Myers-Briggs Type Indicator, MBTI）是由作家迈尔斯和她的母亲布里格斯在20世纪40年代编制的一种自我报告式的人格测评工具，用以描述人们在获取信息、做出决策、对待生活等方面的心理活动规律和人格类型表现，其理论源自著名分析心理学创始人卡尔·荣格提出的心理类型理论。MBTI测试将个体行为差异用四个维度进行衡量，包括精神能量指向、信息获取方式、决策方式以及生活态度取向。每个维度包括两个方向，代表不同的偏好倾向，分别是E（Extroversion，外向）和I（Introversion，内向）、N（Intuition，直觉）和S（Sensing，实感）、F（Feeling，情感）和T（Thinking，思考）以及P（Perceiving，感知）和J（Judging，判断）。四个维度的不同偏好倾向经过排列组合就形成了16种人格类型。MBTI可以帮助人们认识自我，快速了解自己的性格类型，辅助进行职业教育。

27 脚踏实地还是心系远方?

案例导入

丽丽是一名应届毕业生,刚刚毕业的她像大多数大学生一样面临着就业的选择,在选择就业地的时候她犯了难。丽丽认为大城市工作机会多,应该趁年轻出去闯一闯,挑战历练一番,看看外面的世界。但她又担心自己经验不足、没有优秀的简历,在大城市没有竞争力,而大城市生活成本高,生活节奏快,压力也大,自己可能很难站稳脚跟。如果留在老家,生活成本较低,压力较小,离家近也方便照顾父母,亲戚朋友多,社交往来也不寂寞,但工作机会实在有限,收入也相对较低。想来想去,丽丽陷入了两难的境地。

心理解读

多数应届毕业生在就业时都会面临着两难的选题,选择就业前景较好的岗位,可能就要承受较大的工作压力及生活成本,想要工作相对轻松兼顾照顾家庭，可能职业发展的空间又会受限。当人们面临多个目标，每个目标对自己都有利，也都有弊，反复权衡拿不定主意时，所遇到的矛盾心情就是双重趋避式冲突。那当你面临这种两难境界时该如何选择呢？

每种选择都有利弊，如何选择适合自己的环境呢？先从我们的需求说起。心理学家马斯洛曾提出需要层次理论，他认为可以将影响人类行为多样化的需要，按照从基本到复杂的顺序，分五个层次。

生理的需要。这是人类维持自身生存的最基本要求，包括食物、水分、空气、睡眠、性的需要等。它们在人的需要中最重要、最有力量。马斯洛认为，只有这些最基本的需要得到满足，能够维持生存后，其他的需要才能成为新的激励因素，而此时，这些已相对满足的需要就不再成为激励因素了。

安全的需要。人们需要稳定、安全、依赖、受到保护、能免除恐惧和焦虑等，包括人身安全、健康保障、资源财产所有权、道德保障、工作职位保障、家庭安全等。马斯洛认为，整个有机体是一个追求安全的机制，人的感受器官、效应器官和其他能量主要是寻求安全的工具，当这种需要一旦相对满足后，也就不再成为激励因素了。

情感与归属感的需要。人人都希望得到相互的关心和照顾。这一层次的需要包括两方面：一是爱的需要，涉及友情、爱情和性亲密；二是归属的需要，即人都有一种归属于一个群体的感情，希望成为群体中的一员，并相互关心和照顾。感情上的需要比生理上的需要来得细致，它和一个人的生理特性、经历、教育等都有关系。

尊重的需要。人人都希望自己有稳定的社会地位，要求个人的能力和成就得到社会的承认。马斯洛认为，尊重的需要得到满足，能使人对自己充满信心，对社会满腔热情，体验到自己活着的意义和价值。

自我实现的需要。这是最高层次的需要，它是指实现个人理想、抱负，发挥个人的能力到最大程度，达到自我实现境界的人，接受自己也接受他人，解决问题能力增强，自觉性提高，善于独立处事，完成与自己的能力相称的一切事情的需要。也就是说，人必须干称职的工作，这样才会使他们感到最大的快乐。马斯洛提出，为满足自我实现的需要所采取的途径是因人而异的。自我实现的需要是努力实现自己的潜力，使自己越来越成为自己所期望的人。

根据这个理论，我们能够非常清晰地认识到，人的需要是有层次的。我们选择留在老家发展，是因为在老家失败的风险更低，离家人近，那么根据这个理论，留在老家可以满足我们的安全需要以及情感与归属感的需要。选择在大城市奋斗的年轻人获得机会的可能性更大，相比老家来说，更有可能获得外界的尊重以及事业上的成功。

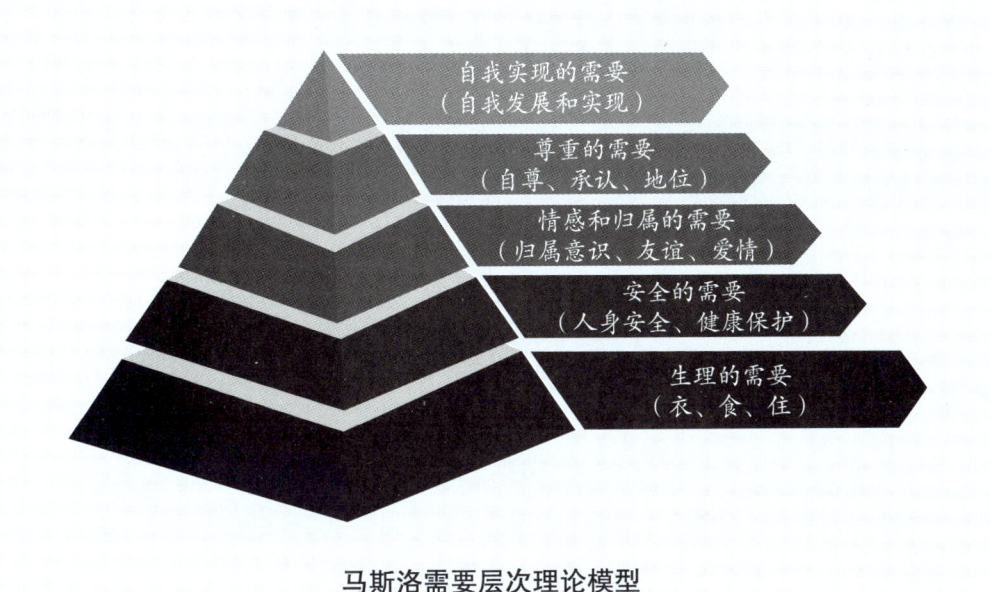

马斯洛需要层次理论模型

应对之道

毕业了，我们都想找到心仪的工作，实现自己的梦想。那如何制定适合自己的职业生涯规划呢？

了解自身兴趣。每个人的性格、兴趣、价值观、家庭背景各不相同，而不同的因素也对应着不同的职业，在做职业生涯规划之前，先要明确自己的定位，自己的兴趣在哪里，适合做什么工作。还可以做一些职业性格、职业兴趣测评，帮助自己认识自我，找到职业方向和目标。

选择目标职业。职业生涯规划是一个长期的过程，在明确了职业方向后，还要进一步考虑如何选择行业、如何选择职业、如何选择岗位、如何选择企业、如何收集分析招聘信息、如何解读企业岗位要求、如何评估自身岗位胜任力、如何写简历、如何面试、如何谈论薪资等。可以去了解目标职业的相关条件，请教学长学姐面试的经验，做好充分准备。

提高自身竞争力。应届大学毕业生的就业竞争压力是非常大的，如何能够遥遥领先，个人的竞争力必不可少。能力是企业非常看重的一点，对于大学生而言，能够提高自身竞争力的除了学习就是实践，社会实践锻炼是大学生了解社会和深化自我认识的重要途径。通过具体的实践，大学生既能积累经验，增强大学生的职业认识和职业适应能力，又能客观准确地认识自我和社会。

总体来说就是三句话："我适合做什么，我需要做什么，我能够做什么"。有一个成功的公式：成功=目标+计划+行动+坚持。从中可以得出，要获得职业生涯的成功，首先要确立目标，选择一个最适合我们发展的行业和工作，然后做详细的计划，对职业生涯进行规划，最后付诸行动，不断坚持。

心理小贴士

螃蟹心态

你听说过螃蟹心态（Crab Mentality）吗？当一群螃蟹在桶里时，如果有一只想爬出去，另外几只就会想把它拽回来。所以，即使桶没有盖子，螃蟹也不会爬出去。在我们想要追求向往的生活，跳出舒适圈，"爬出桶"时，总有人劝我们跟着他们一起消极应对，试图把我们"拉回桶里"。而当我们真的"爬出桶"后，他们又假装关心，似乎只有知道了我们在"桶"外过得不好，他们才能安心躺在"桶"里。这一现象在生活中并不少见，当我们在进行决策时，应该客观地分析实际情况，理性地参考别人的意见，而不要被外界的声音影响自己的决策。

第五篇
善解人意识人心

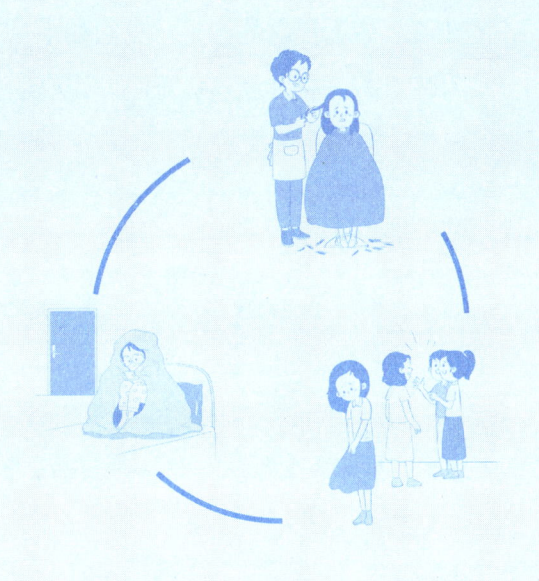

28 和室友相处不来怎么办？

案例导入

小乐是一名性格十分开朗的女生，去年刚考入大学时，老师安排她当寝室长，她也想好好与寝室的同学相处，但她很快就发现在小小的寝室里大家要相处好真有点难。比如寝室桌上，还残留着半碗方便面汤水，原味芝士披萨的外卖盒到今天还没有扔掉，昨晚吃的小肥羊火锅的油渍已经凝结成块……类似的事情很多很多。更无奈的是，原以为室友之间会有的互动，最后都被冷冰冰的床帘阻隔。所有的美好憧憬，干净整洁的寝室根本没有出现，取而代之的则是"见面如不见""惜字如金"的冷漠关系。

和室友好好相处就这么难吗？说好的要亲如一家人呢？

心理解读

根据调查，大学生在人际交往中，与室友的交往问题最为突出，案例中的小乐所经历的寝室问题就相当普遍。很多大学生上大学之前没有住过宿舍，缺乏集体住宿经验，不知如何和室友相处，往往会导致一些摩擦的产生。和室友真的做不了好朋友吗？有没有办法帮助小乐构建友好和谐的寝室环境呢？

大学生人际冲突的特点。大学生的利益冲突表现在竞争班委、评优选先、评定助学金等级及研究生推荐等方面。大多数学生都能理智处理，但也有部分学生为了得到想要的利益而不择手段，导致了冲突的发生。非利益冲突表现为"自尊心受损"，觉得他人不够尊重自己等。

大学生人际冲突的原因。价值观差异是人际冲突的主要原因。关注自我，注重个性表达，但是自身尚不成熟，性格不稳定，争强好胜，这些是大学生群体的主要特征。这使他们在人际交往中容易形成以自我为中心的价值观，当其他人对自己的价值观产生怀疑或者反对时就很容易发生冲突。

应对之道

小乐在面对和室友相处感到困惑时，可以考虑从以下方面入手解决问题。

互相尊重。人与人之间的相处，尊重是必不可少的，大家都是平等的，千万不要觉得高人一等。室友之间亦是如此，大家要互相尊重，尊重彼此的地域文化，尊重彼此的隐私，尊重彼此的差异。

坦诚相见。室友之间相处一定要真实。何为"真实"？即对待友谊不夹杂利益。

适度包容。住在一个寝室的小伙伴，或多或少都会出现一些意见相左的时候，或是让人觉得不舒服的时候，这时你要学会适当地包容，不要斤斤计较。但是，这也要把握好度，不能让别人把你的善良当作继续欺负你的理由。

换位思考。凡事不要只站在自己的角度来看，要试着站在对方的角度看问题，知己难，亦要知人难。或许，对于你来说夏天吹空调很舒服，但是有的室友体质弱，你就要换位思考，多体谅一下室友。

真诚表达。这是一种人际沟通技巧，例如发生人际冲突时，恰当描述他人所做的行为给自己带来了什么感受、什么影响，这种沟通方式温和、不指责，同时真实地表达了自己的感受。

心理小贴士

室友中的不同类型

"**自我中心**"型。此类型表现：个性十分独立要强，凡事都要求别人认同和配合自己。做事不考虑他人感受。

"**敏感自卑**"型。此类型表现：心理上总觉得和室友有差距。室友组织活动都不参与，渐渐认为自己被孤立，认为室友欺负她。每次都觉得很难和室友相处。

"**自作清高**"型。此类型表现：成绩或某些方面小有成就，能带给他们足够的自信。他们认为做事要有意义、要有追求、要干大事。但他们发现根本不知道怎么和别人沟通，大学期间自己认为正确的标准和现实距离甚远。

29 为什么我进不了他们的小圈子？

案例导入

大一的小康来咨询室寻求帮助，原因是她在学校里环顾四周，却找不到一个能交心的朋友聊聊天。下课或放学后，看着大家三五成群地聊天、出去玩，自己也想加入她们，可又不知道怎样才能融入，怎样才能跟她们有共同的话题，最后只好独自待在寝室。虽说一个人很自由，但她还是觉得有些失落，她感觉自己就像一座孤岛，每当有朋友靠近时，她却不知该怎么和她们相处，不知不觉就和朋友拉远了距离，而朋友们也慢慢不再约她了。

如何才能进入朋友的小圈子，拥有亲密的小伙伴呢？

心理解读

案例中的小康可谓是饱受社交之苦。每个人都渴望获得友情，那么人际关系的建立与保持就显得尤为重要。有些人颜值未必高，才艺未必突出，也未必健谈，但就是特别招人喜欢；而另一些人，不知道为什么，人缘就是好不起来，明明有时他们做事的出发点是善意的，也做了很多缓和人际关系的努力，但大家就是不买账。

为什么有些人就是特别讨人喜欢？有研究表明，其实是因为他们具有某些惹人喜爱的人格特质。这种人格特质比起其他外在特征，是吸引他人更为重要的因素。换言之，这种人格特质实际上是一种情感性存在，拥有某种特质的人更容易让他人产生亲近感。我们每个人，都会稳定地向外输送一种情绪及情感上的影响，并且我们对不同的人产生的这种影响是存在一致性的、是可预测的。简单来说，有些人就是会持续向他人输送一种"积极的情绪、情感"，让所有和他相处的人都或多或少感受到"和这个人相处挺愉快的"。而有一些人，就会稳定地让每个和他接触的人，都或多或少感受到"和这个人接触，会带给我一些负面的情绪和感受"。

需要注意的是，一个情感积极的人受欢迎的原因并不是讨好他人，或是去刻意揣测、迎合对方的心意，他仅仅是以本来的样子存在，就能够让周围人觉得和他交往是件愉快的事。

应对之道

想变成更受欢迎的人，可以怎么做呢？

积极改善自己的情绪，提升对于他人情绪的适应力。注意去改善自己情绪、适应他人情绪的人，可能更容易引发周围人的积极感受。而相较于改善自己的情绪，适应他人情绪则更有挑战性。它意味着你不仅要有能力消化自己的情绪，还需要在他人情绪起伏变化时，能够和对方保持联结，继续以包容和理解回应对方，而不是立刻也被对方的负面情绪影响，直接粗暴地做出一样情绪化的负面反应。

留意自己情绪变化带给他人的影响，并与对方沟通。如果调整情绪对你来说并不容易，你可以尝试去关注自己的情绪变化对那些与你互动对象的影响。而与对方沟通会让对方知道，你有在为他考虑。比如，在和同学的沟通中感到很激动的时候，你可以和同学说"我现在有些激动，希望你不要介意"。当然，你可以找到更适合你的表达。

耐心倾听他人的声音,而不是急于表达。每个人都希望自己被看见、被理解。耐心倾听会让他人感到你是关注他的、愿意了解他的,进而在和你的互动中对你产生更多积极的感受。

发自内心地赞美他人。若想直击核心,就赞美他的成就;若想更真切,就赞美他的性格与特质。

循序渐进地自我暴露。友情真正开始建立还有一个关键的元素,那就是自我暴露。彼此成为朋友的一个典型特征,就是自我暴露的广度和深度的增加。这个过程往往是这样的:当你们保持经常的见面后,有一方会先冒着暴露个人信息的危险,去"测试"对方是否会有相应的回应。如果双方都愿意进行自我暴露,彼此的友谊就会迅速升温。如果想要交到真正的朋友,自我暴露不是越快越好,深度和速度都需要适度。在与一个人慢慢变成朋友的途中,应该循序渐进地暴露私人信息,如果过度分享可能会吓跑对方,或是让对方感觉无所适从。

心理小贴士

自我暴露

自我暴露是社会心理学中的一个重要概念,它指的是个体自愿地、有意识地与他人分享自己真实且重要的信息。这种信息通常是私密的,不太可能通过其他途径被他人获知。自我暴露是自愿的、有意的、真实的,并且它在建立亲密关系、促进人际沟通以及维护心理健康方面发挥着重要作用。

30 为什么她不好意思拒绝别人？

案例导入

女大学生依依在理发店里做头发，理发师"托尼"一步步试探，从普通洗发水到高级洗发水，从简单的剪头到推销套餐，不断地得寸进尺。当价格超过依依的预期时，依依想要拒绝，但托尼说："我都给你用了高级的东西了，你突然说不需要了，我是打工人，老板要扣工资的。"依依一时心软，最终花费了1000元。不仅如此，依依在班级里也是任劳任怨，面对同学的请求，依依照单全收，每天还帮室友买早饭，就像是一个跑腿的工具人，即使超出自己的负荷，只要对方说一些道德绑架的话语，她就会立刻心软。依依为什么没办法拒绝别人？

心理解读

明明不愿意，却像上瘾一样不断讨好别人，怕自己的形象崩塌，怕别人不喜欢自己。和每个人相处时都小心翼翼，不会拒绝，能自己做的事情绝不麻烦别人，把真实的自己藏起来迎合他人，渴望得到他人的喜欢和认可。在心理学上，这被称为讨好型人格。讨好型人格在心理学术语上又被称为"迎合型人格"，就是我们常说的好好先生（女士）。雪利·帕戈托博士指出，讨好型人格是潜在的不健康的行为模式，而不是人格障碍。讨好型人格最大的特点就是掩藏自己的情绪，非常害怕起冲突，所以他们会压抑自我的需求。讨好型人格主要有以下几种表现：

迎合他人。在社会交往中，他们对待别人的观点经常会说"你说得很对"来掩盖他们内心的胆怯。

没有原则底线。希望和他人保持和谐的关系，所以在交往中，有时会变得没有原则和底线，一味地讨好别人，在这种相处模式中，反而无法赢得他人的尊重。

不懂得拒绝。十分在意自己在他人眼中的评价，害怕拒绝，担心一旦拒绝，他人就会心生不满；而选择不拒绝，会无形中担负着巨大的心理压力，让自己活得很累。

害怕麻烦别人。不敢麻烦别人，如果不得已麻烦别人，会感到不安和愧疚。

默默承受。面对责骂不去争辩，只是想封闭自己的真实想法，很难与他人建立亲密的情感关系。

害怕表达想法。担心一旦说出自己的想法就会被孤立，更害怕他人的攻击，所以总是把自己的真实想法藏在心里，而不是完全大胆勇敢地表达出来。

怕负面评价。讨好型人格的人内心很自卑，总觉得自己处处不如人，害怕听到负面的评价。

喜欢主动道歉。害怕发生冲突，所以总是希望用道歉快点结束冲突，因此道歉成为他们处理事情的主要方式。

总是讨好别人，会导致以下后果。

不敢表现自己的实力。讨好型人格的人害怕发挥失常会让自己产生负面情绪，如难过、羡慕或敌对，因而经常"留一手"，不敢表露自己，后果就是，有机会都轮不到自己。

承受更多的压力。一个不懂说"不"的讨好型人格的人，最容易顺从别人的话。

讨好型人格是一种认知上的缺陷：他们看不见自身的优点，又太过在意别人的看法。讨好型人格是从小养成的，小时候试着让父母满意，长大后就变成了让别人对自己做的事情满意，如此才能获取一点安全感。别人的评价变得越来越重要，自身的价值越来越模糊不清。想要改掉这样的习惯，或者说，坦然面对别人的评价并不容易。

应对之道

讨好型人格对自我成长没有意义，甚至阻碍着自我成长，在实际生活里，必须克服这一性格特点，克服自己的心理偏差，端正自己的心理行为习惯。那么，如何避免成为讨好型人格的人呢？

建立自我认知，尊重自己的需求。要想避免成为讨好型人格的人，首先必须对自己有一个正确认知，你必须坚持自己的想法，学会说不，不管别人怎么说，都能够坚持做自己的事情，尊重自己的需求。

学会表达自己的情绪。当对方的行为让你不开心，或是你对面前的事物不满意，一定要把自己的情绪表达出来。不用害怕别人会说什么，你没有必要为别人的感受买单。不用害怕会起冲突，有时候冲突也是人际关系的润滑剂。

保持独立的思考，多读书、多学习。要学会自我思考，而不是人云亦云，总是将别人的想法放在第一位。保持自己独立的思考，遵循自己的处事方式。讨好型人格的人往往是因为缺乏自信和安全感，所以一味地讨好别人。你也可以选择多读书丰富自身学识、提升自身修养，让自己更有远见、更加自信。

学会说"不"，建立边界意识。把自己放在第一位并不意味着自私。或许你可以找一个安静的、不被打扰的地方，回忆你在过去一段时间内所做的事情，并列出那些你不喜欢，但是不自主去帮别人做了的事情。然后，写出你为什么不想做这些事情。这个时候你就会发现，其实这些事情都违背了你的原则。所以，我们要忠于自己的原则。

心理小贴士

四种人格类型

心理学家对人格的研究从未停止。有研究者向全球发放了150万份问卷，并对收回的问卷数据进行研究，发现绝大多数个体的人格可以归为"平均""含蓄""自我中心""榜样"这四种人格类型。

平均型人格。平均型的人相对外向，但也有点神经质。相对封闭，不愿尝试新事物，他们更愿意选择自己已知的事物，缺乏好奇心，绝大多数人都属于这种类型。

含蓄型人格。含蓄型人格的人更内向，但情绪相对稳定。他们待人和蔼，处事尽责，为人低调，即便有助人行为也不喜欢张扬，不愿意引起他人注意。

自我中心型人格。自我中心型的人性格外向，但他们在开放性、责任心这几个维度都相对更弱。这种类型的群体多为青春期的孩子，尤其是男生。

榜样型人格。榜样型人格的人具有稳定的情绪，并且表现出极高的开放性、责任心、外倾性，这种类型的个体待人友好，工作勤奋，性格外向，好奇心强。作为他们的朋友，自然也会因为这些优点而乐于与他们交往。

31 不愿社交到底如何是好?

案例导入

林同学是一个文静的女孩,平时喜欢独处,没课的时候就在宿舍看书。当提到"社恐"这个词时,她轻轻一笑说:"我觉得我就是社恐啊!对我来说比起孤独,我更讨厌人群中的落寞。"被问及原因时,林同学说:"大家就是为了玩才聚在一起,所以哪怕多次见面,也不会对彼此有太深入的了解。我觉得身边大多数的社交都是类似的,他们并不会真的留存进我的生活中,所以我不想在这样的社交中浪费时间,没有意义。而且组局结束后,我发现我和其他人的关系并没有加深,甚至我不主动就没了联系。我还挺失落的,好像要和谁接近,成了一件需要费很大力气的事情,哪怕有过一起开心的时光,也可能会被对方遗忘。还是离不熟的人远一点比较好。"

林同学这样想有问题吗?

心理解读

对于有社交焦虑的人来说,充分参与生活可能非常吃力,比如恐惧被别人注视,恐惧自己会有丢脸的言谈举止或尴尬表情,怕自己在别人面前张口饶舌,等等。有社交焦虑的人害怕负面评价,他们会避免社交机会和任何可能让他们经历不舒服的情境。但他们正在避免的那些情境，恰恰是他们建立社交技能的最佳机会，这些社交技能有助于让他们更安心。因为社交焦虑影响着一个人生活的方方面面——人际关系、学校生活、工作，它会导致其他形式的焦虑，以及物质依赖和抑郁症。

从林同学的诉说中，我们可以提炼出三点社交困境：

困境一："线下社交我是没有优势的"；

困境二："和人靠近是一件很费力气的事"；

困境三："很多社交都没什么意义"。

因为曾经有过糟糕的社交体验，所以林同学对社交产生了消极预期。现实生活中，也正是这些消极预期阻碍了人们的行为，一定程度上造成了人们缺乏社交的现状。如果在过去的关系中你时常被剥削，在你的字典里"关系就等于被剥削"，那么你恐怕真的很难再积极地开展社交。如果在过去的关系里你总是被侵入，你也难免会认为亲近等于没有私人空间。

也就是说，当一个人没有新的、积极的社交体验来覆盖过去糟糕的记忆时，"社交"就会渐渐和"负面体验"画上等号，即便这些消极预期不一定会在实际的社交中发生，但趋利避害的天性还是会让我们选择回避。

虽然去社交可能会得到消极体验，但缺乏社交会带来更严重的负面影响。

缺乏社交会使我们失去对压力的抵抗。心理学家认为，哪怕我们只是简单地与他人打个招呼、握个手，我们的大脑都会被激活，分泌出让人愉悦的催产素，从而降低皮质醇的含量，就像一针抵抗压力的疫苗，最终弱化我们的压力水平。回避社交的人，就算置身人群中，也会习惯回避与他人的眼神交流，因此他们往往会产生更高水平的焦虑情绪，失去对日常压力的抵抗能力。

缺乏社交使我们失去解决冲突的能力。当一个人试图与他人建立友善的人际关系时，会为了维系关系而发展出处理人际冲突的能力。因此，当我们回避社交时，虽然规避了发生冲突的风险，但也失去了锻炼自己解决冲突的能力。当冲突发生时，缺乏社交的人可能会不知如何面对。

缺乏社交的人更难与他人建立亲密关系。研究发现，良好的自我暴露的能力是促进一段亲密关系发展的关键，它指的是双方都能在自我暴露的同时，感受到对方的自我暴露。这样一个你来我往的自我暴露的过程，能增进对彼此的好感和理解。但对于缺乏社交的人来说，他们很难去判断自己什么时候应该自我暴露、要如何去暴露，以及如何回应他人的自我暴露，从而更难与他人建立亲密关系。

缺乏社交会影响我们的自尊水平。有研究指出，生活中与他人建立亲密稳定的关系，有助于我们在内心建立起好的自我形象，内化出自我价值。当一个人的社交关系处于匮乏状态时，很容易陷入一个误区，即"我不被他人需要，因为我是个没有价值的人"，他的自尊水平也会受到影响。

应对之道

想要建立高质量社交的第一步是，调整对社交本身的不良预期，不去想象社交带来的糟糕体验。调整好预期后，我们再从衡量关系的三个维度来看看具体怎么做。

主动了解他人的需要，同时表露自己的需求。了解他人的需要是给他人提供价值的第一步。你可以通过留意对方的职业、爱好等信息，来思考自己能给对方提供的价值是什么。你还可以主动表明自己有哪些爱好或是资源等，让对方更了解你。当关系中的双方都负起责任去提供价值时，关系中的价值就会流动起来。

尽早表达自己的边界和不满。在交际的过程中，一味地忍让和迁就不一定能提升关系的兼容性，反倒有可能让彼此心生芥蒂，给关系埋下隐患。也许你害怕太早表露自己真实的情绪，但如果你不在事态升级前就坦诚地表达出你的不满，让对方了解你的真实想法和边界，那么在事态严重后，任何缓和关系的方法都有可能是无效的。

用坦诚提升自身安全感。有时，他人可能会作出一些你不理解的行为，你会为此感到害怕或是焦虑，比起主观地去臆测对方做出这些行为的动机，我们更应该坦诚地与对方沟通。当我们停止了猜忌，用开放的心态与对方沟通，就更能共情对方的行为。

心理小贴士

交往焦虑量表（IAS）

交往焦虑量表由利里于1983年编制，彭纯子等人在2004年对量表进行中文版修订，适用于大学生社交焦虑的测量。该量表共15个项目，采用5点计分方法，分数越高表示社交焦虑程度越高。

请认真阅读下面的每个条目，并决定其与你的相符程度。根据以下标准在相应的条目前面的括号上标出分数（1~5）。1代表完全不相符，2代表有点相符，3代表中等相符，4代表非常相符，5代表极其相符。

（　）1. 即使在非正式的聚会上，我也感到紧张。

（　）2. 与一群不认识的人在一起时，我通常感到不自在。

（　）3. 与一位异性交谈时我通常感到轻松。（R）

（　）4. 在必须同老师或上司谈话时，我感到紧张。

（　）5. 聚会常会使我感到焦虑、不自在。

（　）6. 与大多数人相比，在社会交往中我较少羞怯。（R）

（　）7. 在与我不太熟悉的同性谈话时，我常常感到紧张。

（　）8. 在求职面试时，我会紧张。

（　）9. 我希望自己在社交场合中信心更足一些。

（　）10. 在社交场合中，我很少感到焦虑。（R）

（　）11. 一般而言，我是一个害羞的人。

（　）12. 在与一位迷人的异性交谈时，我经常感到紧张。

（　）13. 给不太熟的人打电话时，我通常觉得紧张。

（　）14. 我在与权威人士谈话时感到紧张。

（　）15. 即使处于和我相当不同的人群之中，通常我仍感到放松。（R）

计分标准："完全不相符"计1分，"有点相符"计2分，"中等相符"计3分，"非常相符"计4分，"极其相符"计5分。其中将标注有（R）标记的题反序评分（即5改为1，4改为2，2改为4，1改为5）后再计算总分。

结果解释：计算15道题目的总分，分数越高表示焦虑程度越高。

32 嫉妒她，丢人吗？

案例导入

刚刚步入大学的小雯和小英被分在同一个宿舍，成为室友的两人在各方面都非常契合，于是两个人很快成了彼此在大学里最好的朋友。后来，小雯发现小英在很多方面都比自己优秀。小英是家中的独女，父母的掌上明珠，且外形姣好，性格活泼，在大学里结交了很多朋友。而小雯家中兄弟姐妹众多，她在家里不是最受宠的那一个，且外形普通，性格内敛腼腆，在大学里也没有交到几个朋友。小雯看见小英走到哪里都是人群中的焦点，每次站在小英身旁，小雯就好像是个"小透明"一般，是用来衬托小英的，时间久了，她对小英的嫉妒心越发强烈，她感到很痛苦，不知自己这是怎么了。

心理解读

案例中的小雯是对小英产生了嫉妒心理。关于嫉妒，我们大多数人都不太愿意承认自己有这种心理，但是这并不能说明它不存在。那么，嫉妒是怎么产生的？

从小养成的错误认知观念。嫉妒心理是人的思维中的一种正常心理现象，大学生嫉妒心理的产生也是一种正常现象，但是在出现嫉妒心理后，如果不能凭借正确的思维认知能力进行合理的化解，而只任由其发展，就会造成不可预估的后果。嫉妒心理的产生，是由于很多大学生从小没有形成正确的认知观念，而大学生在大学学习期间，除了学习之外，还需要独自处理很多其他的事情和人际关系。在这种情况下，大学生在面对与自己利益相关的事件，如奖学金评定、班委选举等学校日常工作时，如果不如意，就会产生自己应该得到却没有得到、他人不应该得到却得到了的错误想法，直接产生不恰当的嫉妒心理。

自身成长中的人格缺陷。 嫉妒心理作为一种心理状态，与个人的人格因素有很大的关系，如果大学生没有健康乐观的人格和心理状态，在面对日常事件时，就极容易产生消极的嫉妒心理。样本调查显示，具有自卑、消极、神经质、缺乏安全感以及自尊心过强等不良的人格状态的学生，更容易产生嫉妒心理。这类学生由于自身人格的缺陷，在面对利益相关事件时，只会从自身考虑问题，将注意力更多地放在自己的利益关系上。若事件没有按自己设想的方向发展，就会产生消极的心理，进而引发嫉妒心理。

大学生活环境的综合影响。 大学既是为学生提供知识的场所，更是一个小型的社会。在大学生活中，学生不仅要完成学业，同时还要处理人际关系、情感问题、升学、求职等与大学生息息相关的事务。而这些事务的处理与学生个人利益息息相关，通常会伴随着竞争关系，在这种综合环境的影响下，学生很容易产生错误的嫉妒心理。如大学生评先评优与学习成绩、日常表现密切相关，那些成绩好的学生更容易获得大家的认可，但如果学生由于各种原因而成绩下滑，就会产生消极的思想甚至是错误的嫉妒心理。多样化的大学校园生活，也会在一定程度上增加学生产生嫉妒心理的概率。

应对之道

小雯应该如何控制嫉妒心理呢？

正视嫉妒心理。 大学生的嫉妒是直观、真实而自然的，它只是大学生对自己的愿望不能实现而产生的一种本能的心理反应。因此，我们不要盲目对自己的嫉妒心理和行为感到困惑，我们应该理解这种无法实现自己愿望所产生的痛苦情绪，合理宣泄因嫉妒产生的不良情感。

正确评价自己。通常嫉妒行为较多地出现在有一定能力的学生身上，但我们应该知道，一个人的能力是有限的，不可能什么都比别人强，也不能老拿自己的短处与别人的长处相比，这样会永远都活在嫉妒中。

将嫉妒转化为成功的内驱力。大学生应强化自身的优势，增强自信心，设法将自己的嫉妒心转化为竞争的动力，即把注意力放在"怎样超过别人"上，努力缩短与他们实际存在的差距，最终化解内心的不平衡。

学会欣赏别人的优点。如果同学之间互相猜疑，互相看不起，或当着同学的面议论、贬低其他同学，会在无形中影响这位同学的心理。因此，我们不仅要正确看待自己，也要正确看待他人，每个人擅长的领域有所不同，可能你的某些能力也会受到他人的嫉妒，这很正常。他人有过人之处，我们应该报以欣赏和谦虚学习的态度，而不是一味地嫉妒。

心理小贴士

被人嫉妒怎么办？

区分嫉妒是否属实。在应对他人的恶意嫉妒时，我们首先需要确定的是："他们是否真的在嫉妒我？"很多时候，人们会试图表现得强大以获得他人的特殊对待。但当他人并不如预期那样关照自己时，人们会误以为那是一种"嫉妒"。但事实也有可能只是别人并不喜欢你刻意表现出来的强大，和嫉妒无关。

区分善意与恶意的嫉妒。当我们确定自己所面对的是嫉妒时，我们需要区分"无害"的善意嫉妒，和"存在潜在威胁"的恶意嫉妒。后者才是需要我们作出应对的"嫉妒"。这种情况下，研究者认为，与恶语中伤自己的人坦诚、直接（并不代表鲁莽冲动）地交流，是一种有效的策略。

33 陷入虚拟社交怎么办？

案例导入

小琴平时喜欢在社交软件上与人交流，在各种社交平台上有很多朋友。小琴在她的朋友圈中成了出名的段子手，各种聊天模式灵活应变，好像从不担心没话说一样。但是她一到了现实的交际环境中就瑟瑟缩缩，浑身不自在，十足一个"冷场王"，话也不多说。小琴有时候会有一种孤独感。她习惯了网上的热闹，会习惯性地打开手机，社交软件中来回刷，看看有没有人找自己。有一天，她发现朋友圈里的人都在热闹地聚会，小琴环顾自己四周却空空如也，身边没有一个朋友，她突然有点羡慕别人的生活。

小琴为什么会喜欢虚拟社交？虚拟社交能满足现实的情感交流吗？

心理解读

虚拟世界是人对现实世界的反映，人通过对数字化符号的演绎，利用数字化技术再生产出来，展现出一个可认知的世界。

不知从何时起，很多年轻人跟小琴一样，越来越不喜欢在现实生活中社交了，大家的社交活动都转移到了网络上。他们生活的每一天，从解锁手机屏幕开始，以关闭手机屏幕结束。不仅是他们自己被装在手机里，他们的社会关系也被锁在了那块方寸之间的屏幕中。与父母辈的人与人交往的社会不同,在互联网时代,大学生生活的基本需求都能通过网络来解决。吃饭可出口外卖,买药有跑腿服务,在这样一个极度便利的时代,社交的作用已经被信息化时代的成果所削减。

近年来不少研究结果显示,与现实中的社交相比,大学生更倾向于虚拟社交。产生这种情况的原因主要有哪些呢?

社交焦虑。社交焦虑通常是指在现实或想象的社会环境中,对所处人际环境有强烈的忧虑、紧张不安或恐惧的情绪反应和回避行为。当前网络发展似乎给有社交焦虑的大学生带来了好处,从社交用户的结构来看,大学生是网络社交应用的最活跃的群体,网络社交不仅为大学生联系沟通、娱乐休闲、日常生活与兴趣爱好分享等提供了平台,还是他们个人发展社交技能、自我展示、增加社会互动与社会资本的重要途径。社交焦虑水平越高,社交网站的使用量越大,现实社交焦虑的人更喜欢参与在线交流来缓解社交压力、不适与恐惧。

手机依赖。过分依赖手机成为青年大学生群体中的普遍现象,其往往会成为大学生体质下降、心理承受能力减弱、社会化进程受到阻碍的导火索和催化剂。手机依赖除了危害大学生的身心健康之外,同时也对大学生的学习成绩和生活习惯产生了明显的负面影响。最为重要的是,当大学生把大量的闲暇时间花在手机上时,无疑也在无形中影响了他们的人际交往能力。一些研究表明,是大学生对手机成瘾导致抑郁和焦虑,而不是使用手机。大家通常将大学生的学习成绩和职业技能放在第一位,疏于对大学生社会交往的能力和个性化发展的培养,导致当今社会中的大学生业务能力和交际能力出现矛盾,许多大学生虽然学习成绩名列前茅,但在平日里沉迷于手机,很少与同学、老师甚至是室友进行沟通,久而久之与周围的人产生隔阂。因此,当现实社会的人际交往出现问题时,为了弥补这种人际关系的缺失,大学生群体更可能通过虚拟社交网络增加和发展新的人际关系。

虚拟社交更容易获得满足感。如今,大部分大学生的物质世界已经得到了满足,但是精神世界却无法得到相应的满足。在这样的契机之下,网络世界为大学生的精神满足提供了平台。网络世界中一些平台的匿名性和间接性为大学生提供了畅所欲言的机会,在现实生活中非常腼腆和害羞的人,在网络社交中却可以侃侃而谈。对于大学生来说，由高中时期的紧绷状态到完全自主的变化，使他们一时容易被自由的愉悦冲昏头，无法合理、有效地对时间进行规划和管理，于是，网络游戏变成了消磨时间的主要方式。他们认为在网络游戏中可以扮演另一个角色，从中获得征服感和满足感。他们自己也明白那些是虚拟的，但是在网络游戏中可以暂时地逃避现实社会。

在社交媒体上，每个人的自我都被"精心设计的理想自我"牵绊。社交媒体让用户对自我形象有了更强大的控制权，尤其是微信朋友圈这种以自我为中心的社交会让用户沉迷于主角游戏，产生自带"主角光环"的幻觉，这让他们在社交媒体上的形象越来越远离现实生活的角色。各式各样的社交平台让人们可以随意切换角色，这些精心设计的人设容易割裂真实自我。

陷入孤独的个体沉浸在他的屏幕之中，从现实的物理空间中抽离，他与线上的人们相连接，但是在物理空间中，他却是孤独一人。科技为人们制造其渴望的幻象，诱导人们依赖它甚至对它产生情感，而忽视了对现实世界的关系有所渴求。社交软件降低了人们对情感的感知本能，消解了真情实感的力量，而科技本应该拉近人与人之间的距离。

应对之道

我们如何改变这种陷入虚拟社交的情况？

参加团体咨询。团体咨询是在团体情境下进行的一种心理咨询形式，它通过团体内人际交互作用，培养人的信任感和归属感。现在很多高校都积极开展团体咨询活动，并取得了一定的成效，同学们对此也表现出极大的兴趣。通过团体咨询，可以将同学们对人际关系的注意力从虚拟网络转移到现实中，提升人际关系，掌握现实中人际交往的技巧。

加入增进人际交往的社团。大学生本身就是人际交往的主客体，在学生社团的平等环境中，可相互交流和学习，并利用刊物进行相关的研究和探讨，形成理论和实践有机结合的良好氛围。因此，以学生社团为依托的人际交往，可以很好地充实和丰富大学生的课余生活。

适当参加社会实践。大学生参加社会实践，是进行隐性德育的重要途径。迈出校门后，大学生人际交往经验的积累和能力的提高与大学生参加社会实践的数量和质量有一定的关系。大学生可以适当参加各种社会活动，在实践中学会理解别人、接纳别人，锻炼与别人友好相处的技巧，提高人际交往能力。

通过以上几种方法，相信大学生可以走出"虚拟社交"的封闭圈，迈向更生动的现实社交中去。

心理小贴士

群体性孤独

有学者曾发出这样的疑问：为什么我们对科技期待更多，彼此却不能更亲密？

一是觉得我们可以把精力分配到任何自己想关注的地方；

二是幻想总有人倾听我们；

三是以为我们永远不用独自一人。

互联网在改变我们的思维、生活的同时，也重构了以往的人际关系结构。在网络上，我们可以找到很多有共同兴趣的陌生人，建立线上的虚拟小圈子，还能伪装成自己想成为的任何人。这种"速食"的虚拟关系，其实是把每个人简化成实用的客体，美好和有趣的一面被放大，而真实的缺点却被隐藏了。

34 为什么老乡容易成为好朋友？

案例导入

在大学社团招新上发生了这样一幕：

"同学，听你的口音是江苏的啊？"

"是啊是啊，江苏南京的，你是哪里的？听着也不远。"

"我是连云港的。"

"来我们社团吧，好多老乡在里面。"

在大学校园中，这种由陌生到说几句话就熟络了，然后交谈甚欢的情形比比皆是。

为什么老乡相见分外亲切，老乡也容易成为好朋友吗？

心理解读

社会心理学家柯尔等人研究发现，一个人最好的朋友与他们在教育水平、经济条件、社会价值等方面都很相似。这种相互交融、相互吸纳、相处共生的感觉会让人们更加欣赏自己，起到正面强化的作用。相似的人容易共同组成一个群体，人们生活在这个群体中，能获得更强的安全感和归属感，所以性格相似的人容易成为朋友。

另一方面，这也体现了人际交往中的"心理距离效应"。心理距离是一种社会心理学术语，是个体对另一个体或群体亲近、接纳或难以相处的主观感受程度，表现为在感情、态度和行为上的疏密程度。疏者心理距离远，密者心理距离近。一位心理学家做过一个实验，这个实验整整测试了80个人，结果都相同。在一个仅有两位读者的空间里，任何一个人都无法忍受一个陌生人和自己坐得太靠近，美国著名人类学家爱德华·霍尔博士将心理距离划分为了四种，每种距离分别对应不同的双方关系。

亲密距离。亲密距离是人际交往中的最小距离，它的范围一般控制在0.5米之内，能够感受到对方的体温、气味和气息，这种距离主要出现在最亲密的人之间，在同性中常常仅限于贴心朋友，而异性中仅限于夫妻和恋人。

个人距离。个人距离是在人际交往过程中稍微有分寸感的距离，在此距离内人们互相之间直接的身体接触不多，它的范围一般在0.5~1.2米，出现在能够互相握手以及交谈的好友之间。

社交距离。社交距离是一般认识者交往的距离，它的范围在1.2~3.5米之间，人们在工作场合或社交聚会上通常都是保持这种距离，空间太近会招人反感，太远会忽略对方。

公众距离。公众距离是陌生人之间、上下级之间交往的距离，它的范围一般在3.5米之外。这是一个基本上能够容纳所有人的门户开放空间，在此空间内人们可以互相之间不发生任何关系，甚至完全可以对此空间内的其他人视而不见，不和他们交往。

应对之道

当你了解了人和人之间的距离划分后，你就能通过判断与对方的关系来确定距离，在不同情境中调节距离。人际交往的空间距离是可变的，且具有一定的伸缩性。当情景不同时，你应当如何拉近心理距离呢？

尊重并肯定对方。个体最为基础的社交需要就是被尊重、被肯定，无论是两个陌生人还是朋友，都需要被尊重。当一方能够在行为和言语上给予对方尊重，那么就可以拉近两个人之间的距离。我们对于尊重感的渴求度很高，在一定程度上是为了满足自身的需要。尊重和接纳意味着一种肯定，可以让我们产生一种舒适感。两个人相处的时候，无论关系上升到哪一个层次，都要尊重对方，给予对方最大的肯定，这样才会使得彼此能够建立更加亲密的关系。

沟通交流。心理学家荣格说过："孤独并不是来自身边无人，感到孤独的真正原因是一个人无法与他人交流对其最要紧的感受。"沟通交流对于人与人拉近彼此的距离十分重要，很多时候沉默会成为隔绝人们交往的一堵墙。有时候我们很难做到与别人共享自己心里的想法，所以这个时候就会选择默不作声或者是逢场作戏。真诚的对话，往往是拉近彼此最好的方式。我们可以利用沟通交流的方式，多去了解对方，同时让对方了解自己。

建立信任结构。信任往往是彼此建立安全感的前提，所以我们想要与对方在心理距离上无限拉近，就需要建立信任结构。很多时候，别人之所以无法深入到我们的内心，是因为我们本身没有放下防备心理，这个时候无论是说话还是行为方式上都很难做到轻松。信任体系的建立需要诸多因素，包括个人的素质、个人的道德感、个人的价值观，也就是为人处世的准则。你只有能够与对方建立起信任感，才会很容易地让对方放下心理防备，进而拉近你们之间的距离。

尊重别人隐私。即便是最亲密的人际关系，也应彼此保留一块心理空间。这种尊重表现为不随便打听他人不愿意、不主动告诉你的事，不追问他人的秘密，等等。过度的自我暴露虽不存在打听别人隐私的问题，却存在向对方靠得太近的问题，容易失去应有的人际距离。

要有容纳意识。容纳意识要求我们尊重差异，容纳个性，容纳对方的缺点，谅解对方的一般过错。"水至清则无鱼，人至察则无徒。"清澈见底的水里面不会有鱼，要求苛刻的人也不会有朋友，没有容纳意识，迟早会将人际关系推向崩溃的边缘。

距离产生美。每个人在和陌生人交往的过程中都要掌握"距离"的分寸，随着关系的改变调节距离，让人觉得舒服、安全，这才是友谊长久之道。

心理小贴士

老乡心理效应

俗话说"老乡见老乡,两眼泪汪汪。"身在异乡听到家乡的声音,感受到家乡的自然环境与地方习俗,这些对于在外多年的漂泊者来说再亲切不过了。社会心理学将这一效应称为"老乡心理效应",它是以情感为中介作用,通过老乡们之间的情感和归属感,最终外显为老乡行为的现象。就好比,整日都在普通话的环境下突然听到了老家的方言,也会联想到曾经在家的时光,不自觉地就想和对方聊一聊他是否跟自己是同乡,这些年老家发生了什么变化,等等。

35 和辅导员有矛盾怎么办？

案例导入

小铭因为奖学金的事情和自己的辅导员大吵了一架。原因是小铭未按时间提交材料，但小铭认为这都是因为辅导员的通知有问题。辅导员原通知是最晚5月1日之前提交奖学金的申请材料。小铭因为个人原因给辅导员发消息要晚点交，最后小铭在5月1日当天去办公室交材料，却被辅导员告知申报材料已经交上去了。小铭错过了这一次的奖学金评比，他觉得非常无语又生气，当着办公室很多老师的面对辅导员发火，因为他认为是辅导员时间通知不具体导致的问题，而辅导员认为自己明明说了5月1日之前，是不包括5月1日当天的，何况自己并未看到小铭的消息，他认为作为成年人，小铭应该学会为自己的行为负责。

小铭在冲动之后，也对向辅导员发火而懊悔，他该如何化解这一冲突呢？

心理解读

师生产生冲突的常见原因有以下几点。

观念差异。教师和学生在价值观念和行为方式上存在差异，导致冲突。例如，对于时间的观念，小铭的理解与辅导员的理解就不一样，对此需要承担的责任两人看法也不同，加上没有及时沟通解释，因而产生了矛盾。

个性差异。师生的性格脾气不同,导致处理问题产生偏差。例如急性子遇上慢性子,稳重的人遇到鲁莽的人,直率的人遇到内敛的人,都容易产生矛盾。小铭没有考虑老师的颜面,没有控制住自己的情绪,一味宣泄不但不能解决问题反而可能激化矛盾。

沟通不畅。师生之间的互动和交流不通畅,产生误会。学生对奖学金申请等涉及利益方面的事情比较在意,辅导员没能及时进行解释、疏导,容易导致误解。

辅导员是学生的良师益友,辅导员的言行也会影响到学生,师生关系应该是一种合作关系。这个案例中学生没有给予老师应有的尊重,没有主动与辅导员或者其他负责人沟通,辅导员也没有在重要时间节点提醒强调,没有及时发现问题并解释,没有好好与学生沟通。辅导员与学生都应该明晰自己的角色定位,明确自己需要完成的事情,保持通畅的互动,确保良好的师生关系。作为学生的我们,也应该学会为人处世,学会尊重师长,学会承担责任。

应对之道

小铭与辅导员发生冲突后,可以尝试以下方法解决。

静观其变。一般师生发生冲突事件后,大多数学生的心理会很敏感、很脆弱,所以,要先调整好自己的情绪,不要急于采取行动,而是要冷静,静下心来思考,寻求妥善解决的办法。

主动找老师沟通。事件发生后,作为学生应该主动找老师,谈谈自己的想法,化解误会和矛盾,不要沉默不语不去解释,师生之间的沟通要真诚、坦诚,尽量找到解决问题的办法,避免再次发生冲突。

换位思考,学会包容。在与老师相处的过程中,不要"一根筋",当我们对老师的做法不理解的时候,或者是我们因为老师的批评而不开心的时候,也不要立即埋怨、抱怨,而应该换位思考,站在老师的角度来看待这个问题。如果老师犯错,也请理解,不要一味指责,老师也是人,也难免会犯错误,这时我们要做的是包容与接纳,积极寻找补救的办法。

心理小贴士

托马斯解决冲突二维模式

托马斯解决冲突二维模式，是以沟通者潜在意向为基础，认为冲突发生后，参与者有两种可能的策略供选择：关心自己和关心他人。其中，"关心自己"表示在追求个人利益过程中的武断程度，为纵坐标；"关心他人"表示在追求个人利益过程中与他人合作的程度，为横坐标，二者构成定义冲突行为的二维空间。于是，就出现了五种不同的冲突处理的策略：竞争、合作、妥协、迁就和回避。

回避策略，指既不合作又不武断的策略。

强制策略，指高度武断且不合作的策略。

克制策略，指一种高度合作而武断程度较低的策略。

合作策略，指在高度的合作精神和武断的情况下采取的策略。

妥协策略，指合作性和武断程度均处于中间的状态。

第六篇
相知相伴完美爱

36 一见钟情靠谱吗?

案例导入

刚上大学的女生伊伊自从在新生大会上见到作为学生代表的学长后,便被他吸引了。在她看来,讲台上的他是那么耀眼、那么迷人,举手投足间时刻都在牵动着她的心弦。此后,她便处处留意学长的动态,试图和他保持联系,她知道,自己这是对学长一见钟情了。自古以来,爱情是人们歌颂的永恒主题,很多爱情故事都是从一见钟情开始的,那么,一见钟情靠谱吗?

心理解读

一见钟情到底是怎么一回事呢?

"爱之图"理论。 可能你也说不清,对于那个他/她,你到底钟情的是什么。其实,之所以你会对某些类型的人一见倾心,很可能是因为你祖先留给你的那嵌在基因里的烙印,为你此番的动心早早地打好了基础。一见钟情,"钟"的是对方在短暂时间里所表现出来的外在美,它包括长相、谈吐、气质、衣着等。西方学者早已提出"爱之图"一说,认为每个人的大脑深处早就有一幅最相恋对象的图像,现实生活中若遇到跟这幅图像相似的人,就会产生强烈的亲近和爱恋之感,越是相似,爱恋的感觉越强烈、越真实。

联想说。 当我们处在一种愉快的心情里时,营造这种愉快体验的氛围可以是晴朗的天气,怡人的风景,一次愉快的旅行,一次难忘的聚会……在这个时候，你很容易爱上你遇见的那个人，因为你会将这种美好的体验转嫁给那个人，你会错误地理解为就是那个人给你带来这份美妙的感觉，你将内心的愉快投射到了那个人身上，对那个人产生好感。

未完成情结说。心理学家弗洛伊德非常关注一个人的童年，他认为最初的经历往往制约着一个人后续的生活。幼时的某些缺失或未完成的心愿会成为一个人的心结，让你时刻有一种想实现它的冲动，来弥补内心的缺憾。

爱情三角理论。心理学家斯腾伯格认为爱情由三个基本成分组成：激情、亲密和承诺。激情是爱情中的情欲成分，是情绪上的着迷；亲密是指在爱情关系中能够引起的温暖体验；承诺是指维持关系的决定期许或担保。亲密包含了十种要素：渴望促进被爱者的幸福，跟被爱者在一起时感到幸福，在一起做事情时感到十分愉快并留下美好记忆，尊重对方，跟被爱方互相理解，与被爱方分享自我和自己的占有物，从被爱方接受感情上的支持，给被爱方以感情上的支持，跟被爱方亲切沟通，珍重被爱方。承诺则是由长期和短期两方面组成：短期方面就是要作出爱不爱一个人的决定；长期方面则是作出维护这一爱情关系的承诺，包括对爱情的忠诚、责任心，是一种患难与共、至死不渝的承诺。

一见钟情所带来的激情，同时也需要亲密的交往与承诺的维持，才能达到完美式爱情。

应对之道

一见钟情固然美好，但终究只是一段亲密关系的开始，爱情要维持与经营下去需要投入情感的共鸣，真挚的承诺，需要时时分享日常中的微小但的温馨时刻，在共同学习中成长进步，实现双向奔赴。

共享积极情绪。情感的分享和投入将带来持续的亲密和温暖。比如，和对方分享：今天我们的小猫咪又做了什么傻事，太可爱啦；今天下雨后天边出现了彩虹，好美！

彼此鼓励和支持。在面对生活中的困难时，双方应该相互鼓励和支持，共同应对。比如，看见她今天情绪不佳，贴心地安慰；发现他最近忙碌焦虑，主动帮忙分担。

坦诚相待，彼此信任。恋爱要长久，双方要坦诚相待，互相尊重，真诚珍惜，信守承诺，深化相互的感情。

共同成长，互相成就。双方应该共同努力，承担责任，不断成长和进步，成为彼此的依靠，共同实现梦想。

心理小贴士

积极共鸣

积极共鸣是一个心理学概念，它描述了人们在共享积极情绪时所经历的情感联结。这种联结是短暂且强烈的，可以在人们之间创造出爱的感觉。根据心理学家弗雷德里克森的研究，爱并不是一种持续不断的情感，而是由许多短暂的、积极的共鸣瞬间组成。这些瞬间被称为"发生了积极共鸣的微小瞬间"，在这些时刻中，人们体验到了与他人的深刻连接和共振。研究者发现：较高的积极共鸣频率，预示着未来更好的关系，伴侣间更健康的身体和更长的寿命。它让两个独立的个体，体验到温暖、幽默和感情的激增，并产生一种合一感。这种瞬间的共鸣是最深刻的亲密，也是爱最具体的形式。

37 为何爱你在心口难开?

案例导入

大二的丽丽在一次学校社团活动中认识了小辉,从目光交会的那一刻起,丽丽的心就没有平静过,一见到小辉心里就"扑通扑通"的。丽丽是一个腼腆内向的女生,喜欢读书、运动,和男生说话的时候还会害羞得脸红,属于可爱型的女孩,朋友们都评价她好相处。小辉是一个开朗活泼的男生,和气友善,同学们对他的相貌评价一般,不算很帅气的那种。但是在丽丽眼里,小辉什么都是完美的,她只要想到小辉的眼神和笑容,就感觉到很幸福、很温暖。丽丽从来没有对一个陌生的男孩产生过这样的感觉,于是,这个男生成了丽丽的全部关注点,如果哪天遇到了他,那么她就会感到兴奋不已。丽丽开始尝试去了解他的兴趣和爱好,只要有小辉参加的活动,丽丽一定会去参加。可丽丽发现小辉对她根本没有很多的关注和在意,丽丽只好偷偷地喜欢着他,不敢去向小辉表白。丽丽觉得自己相貌普通、身材一般,不够优秀,肯定配不上他。丽丽为此每天茶不思饭不想,心不在焉,看着镜子中相貌不出众的自己,心情常常跌到了谷底,只有她最清楚,这段苦涩的暗恋给她带来了怎样的痛苦……

丽丽为何爱在心中口难开?她该怎么办?

心理解读

丽丽对小辉怦然心动,但她在暗恋小辉的同时又感到自卑,不敢去向小辉表达自己的爱意,怕遭到小辉的拒绝。

暗恋是一种美丽的情怀,也是一份浪漫的伤痛。暗恋的一方总是不肯把心中的爱告诉对方,暗恋者感到羞涩,更害怕遭到对方的拒绝。于是,他/她们总像鸵鸟一样把头深深地埋在沙子里,回避着所有的问题。只要一切是为了他/她,哪怕他/她并不在意,他/她们的心里也会有着那么一丝感伤的甜蜜。然而,如果有一天,他/她的身边出现了一个她/他,暗恋者所承受的痛苦和绝望会把他的整个世界都压垮。所以,要学会把心中的暗恋说出口。

为何爱在心中口难开?

自卑情结。自卑情结是由阿德勒提出的,自卑就是个体对自身认知评价过低的情感表现,简单地说就是总觉得自己不如别人。自卑在恋爱关系中体现得尤为突出,例如当你喜欢一个女孩,发现她身边站着一位高大帅气的男生,哪怕这个男生是不相干的人,你也会莫名其妙地认为自己比不上他,其实你们完全没有可比性,你完全不比他差,但是自卑的情绪会影响你对自己的判断,从而让你停止行动。

安全感缺乏。心理学家马斯洛提出,人需要安全感。而缺乏安全感的人,往往会对环境的变化产生排斥或恐惧。恋爱环境的变化也同理,即使两人已经到达了一种相对稳定的地步,安全感的缺乏会让他们都害怕继续发展下去会出现未知的变化,如担忧两个人在一起后并不搭,产生摩擦和冲突,甚至分手,从而造成绝对的伤害。这种不可预测的变化,会让缺乏安全感的个体,很难作出行动,选择逃避。

晕轮效应。晕轮效应又称光环效应,是指人们常常从对方所具有的某个或某些特征而泛化到其他一系列尚不知道的特征。在人际交往中(尤其是最初),人们往往会从或好或坏的局部印象出发,进而扩散而得出或全部好或全部坏的整体印象。如果认识到一个人具有某种突出的优点,就认为他的其他方面也都很好,这个人就被一种积极、肯定的光环笼罩,并被赋予更多好的品质。相反,如果认识到一个人具有某种突出的缺点,认为他的其他方面都不好,这个人就被一种消极、否定的阴影笼罩。晕轮效应是一种人际认知偏差，必须加以预防和纠正。

个人因素。产生暗恋的个人因素有三种。第一，爱幻想。这是造成暗恋的主观因素。如果在现实生活中难以适应正常的恋爱生活，爱幻想者往往依据丰富的想象力，在幻想中得到异性爱的一切满足。第二，产生信念误区。暗恋者往往以为爱仅仅是投入，不要承诺，不要回报，不顾一切地精神恋爱才是世界上最伟大的恋爱。第三，认知偏差。有的暗恋是由于暗恋者自己的认知偏差造成的，不能正确地对待被拒绝的事实，仅仅为了自己的自尊心（其实是虚荣心），就强迫自己追求到底。

应对之道

暗恋是一个很正常的现象，实际上，它就是一种怕对方知道，又怕对方不知道的内心煎熬状态。那如果暗恋一个人，应该怎么办呢？

全面了解自己，正确评价自己。对于自己的性格、外貌、能力等方面要有一个较全面的了解。可以与家长、朋友和老师等人沟通交流，试着去对自己进行一个客观的评价，改进不足，提升自信心，产生表白的勇气。

积极的自我暗示。积极的自我暗示对人的心理活动和行为的影响是很显著的，在作出实际表白之前，可以这样暗示自己：即使失败了也没有关系，至少我让对方知道了我的心意，万一他也刚好喜欢我呢？积极的自我暗示实际上是当不良情绪即将发生时，及时进行心理上的自我放松，使自己心态平和地应对。

去"光环效应"，客观评价暗恋对象。暗恋者很容易被爱情美好的光环所蒙蔽，以至于看不到暗恋对象身上的缺点和不足，即人们常说的"情人眼里出西施"。因此，暗恋者可以多方面去了解暗恋对象，综合评价后将自己的各方面情况与其进行匹配，看看是否合适再去表白。

提高承受力，化压力为动力。大多数暗恋者不敢表白的原因主要是害怕被拒绝，因此我们要期待好的结果。在进行一次恰当的合适的表白之前，需要做到以下几点：首先，做好表白的铺垫工作，了解对方的性格、兴趣、爱好等，先当好一个朋友，让对方能感觉到你对对方的好；其次，练习表白，对于容易紧张的人来说，需要通过练习克服紧张的情绪；最后，挑选合适的场合，在合适的时间，真诚地表达你对他的爱，明确你的态度，询问对方的想法。只有具有诚意和尊重对方的表白，才能打动对方的心。

远离心理误区，为爱负责。许多暗恋者容易进入心理误区，总认为表达爱被拒绝是一件羞耻的事情，实际上表达对一个人的喜欢，是在向对方展现你的态度，说明你有作出承诺和承担责任的能力，即使被拒绝也并不是一件羞愧的事情。对方是否接受，是对方享有的权利，正如没有人能剥夺你表白的权利一样，都值得尊重。

心理小贴士

吊桥效应

吊桥效应是指当一个人提心吊胆地走过吊桥时，会不由自主地心跳加快。如果这个时候碰巧遇到另一个人，他/她会把由这种紧张刺激的情境引起的心跳加快归因于对方使自己心动而产生的生理反应，进而对对方产生情愫。吊桥效应进一步可以延伸为，在高压力或刺激的环境下，人们容易误将紧张、刺激的情绪误解为附近某人的吸引力。有些时候，我们会遇到一些让自己产生紧张或激动情绪的事情，如果这时刚好在这个时候遇到某个异性，他/她的出现大概率会让我们产生心动的感觉。

38 为什么初恋难忘？

案例导入

大三的敏敏同学近期很苦恼，她一直忘不了她在高中时的初恋。他们因为高考成绩相差较大，去了不同的城市，两人都接受不了异地恋，就分手了。在分手两年多后，她重新谈了一个男朋友，但是她还是忘不了初恋，仍然会记得跟初恋在一起的点点滴滴。最近过生日时，现任男友送的生日礼物让她很不满意，她在心底里有时候会将现任男友与初恋男友进行比较，比如现任男友没有初恋男友细心和体贴，或者送的礼物不符合她的喜好，等等。因为这些，她总是与现任男友争吵，她并不是不喜欢现任男友，但是她就是会想起初恋，即使他们已经很久不在一起了。她很想知道，这种情况下自己应该怎么办？

心理解读

为什么敏敏忘不了她的初恋？我们可以用心理学中的契可尼效应和首因效应来解释这种现象。

心理学家契可尼做了许多有趣的试验，发现一般人对已完成了的、已有结果的事情极易忘怀，而对中断了的、未完成的、未达目标的事情却总是记忆犹新。例如，你在数学考试中要答20题，其中19道题你都完成得很好，就是剩下的那一道题把你难住了，到考试终了时仍未得出答案。事后你与同学对答案，那19道题都是对的，但这19道题却被你抛到九霄云外，而未完成的那一道题被你深刻而长久地记住了，这就是"契可尼效应"。人们天生有一种办事有始有终的驱动力，人们之所以会忘记已完成的工作，是因为欲完成的动机已经得到满足；如果工作尚未完成，这同一动机便使他对此留下深刻印象。没有结果的初恋是一种"未能完成的"事件，因而令人回味无穷甚至刻骨铭心，人们通常用"得不到的才最珍惜"来形容。这种"未完成情结"，可能会像一个陷阱一样让我们陷进去，难以自拔。

首因效应又称第一印象效应，是指第一次形成的印象对人际认知的强烈影响。第一印象不管正确与否，总是最鲜明、最深刻的，往往左右着对对方的评价，影响着以后的交往。首因效应往往会使人际认知带有表面性和片面性的色彩。初恋是首次恋爱，初恋失败者往往先入为主，认为恋爱就该是这样的，对未来的恋爱对象总会忍不住与前任进行比较，忽略未来对象的新信息，偏执地期望某些特质在对方身上再次出现，从而影响今后的恋爱。

应对之道

案例中，敏敏因忘不掉初恋，对目前的恋情产生了影响，她可以从如下方面应对。

把过去的爱，在内心真正地做一个了结。 初恋的情感仅止于保留当初那份美好的感觉，而不是永远迷恋初恋情人。

减少和避免联系。 在不确定自己能够分清楚迷恋和爱情的前提下，尽量减少和初恋的接触，给你和你的现任一个安全的发展空间，建立良性的爱的互动。

尊重与现任的爱情。 当你回忆初恋给你准备的生日礼物，能抓准你的兴趣爱好，又有一些小惊喜时，你需要做的不应该是要求现任也这么做，在一段爱情结束后，要舍得放手，尊重与现任在一起的爱情。尊重过去与初恋在一起的小美好，但不代入新的生活。

焦点转向当下的生活和未来的目标。 我们很容易将现任和初恋进行比较，这实际上是把我们的第一任当成了一个模板，或者是一个进行比较的基准线。你对他/她的记忆可能停留在那年那时那地,但此刻应该与这段记忆和好,让它成为美好的过往,带着这份美好,过好今后的生活。

心理小贴士

沉锚效应

沉锚效应是指人们在对某人某事作出判断时,易受第一印象或第一信息支配,就像沉入海底的锚一样把人们的思想固定在某处。作为一种心理现象,沉锚效应普遍存在于生活的方方面面。第一印象和先入为主是其在社会生活中的表现形式。初恋通常发生在人们的青春期,这个时期的记忆比较深刻。此外,初恋往往是人们第一次经历恋爱的感觉,这种感觉对人的生命历程具有重要的意义。因此,初恋往往会被人们视为在爱情领域中的一个重要事件,所经历的事情和感受都会被深深地刻在脑海中,使人们难以忘怀。

39 要为了脱单而恋爱吗？

案例导入

小兰是某大学大二学生。自大一以来，她与室友相处融洽，寝室四人经常一起上下课、吃饭，有时还相约逛街、吃美食，形影不离。可到了大二她发现，室友们老是有别的活动，她想找人一起逛街都找不到了，这让她感觉好郁闷。这一问才知道，原来室友们都出去约会了，都在和各自的男朋友一起逛街，就不太方便叫小兰一起了。小兰知道后也挺无奈的，她有时候会想：室友们都脱单了，单身的我要不要也赶紧脱单？

小兰是否应该为了脱单而恋爱呢？

心理解读

大学阶段是个比较特殊的时期，没有了高考的压力，来自父母的约束也减少了，这个时候会有人告诉你："想谈恋爱就谈吧！"可以说，像小兰这样的情况不是个例，看到身边的人都脱单了，就会想着自己要不要也赶紧脱单，否则都跟不上别人的步伐或者感觉自己比较孤独。其实小兰需要想清楚的是她为什么想谈恋爱，而不是为了脱单而脱单。那么，什么是爱情呢？

所谓爱情，就是男女双方以一定的社会关系和共同的理想为基础，内心生出的对彼此最真实的仰慕之情，并强烈渴望对方可以陪伴自己，成为自己的终身伴侣。这是一种最强烈的感情，是两颗心的激烈碰撞，两颗心互相倾慕向往，并最终达至精神境界。爱情是人类所特有的一种高尚的精神生活。

此外，男女之间的爱情，除了满足人类自身的生理与心理需求之外，还要满足人类特有的社会本能。男女之间的"爱"，必须由"爱慕"牵线，由"恋"来支撑，用"情"来延续。有"恋"做基础，才能生出"爱"。"恋"是什么？"恋"就是与生俱来的依附本能，是发自人性本身的内在需求，即依恋的需求。

大学生们没有恋就进入爱往往是出于以下心理。

虚荣心理。虚荣心理是人的一种情感反映，反映人的某种需要。由于大学生处于成年的早期阶段，心理发展还不成熟，在决定开始恋爱关系之前没有考虑双方的志趣、性格等是否相投，往往只为了攀比和满足虚荣心而行动。

寂寞心理。除了上课之外，大学生还有很多属于自己的时间，加之远离父母和亲朋好友，有些大学生常常感到孤独和寂寞，为了打发时间，他们选择用谈恋爱来丰富自己的情感生活。这样的恋情十分脆弱，很难经得起时间与空间的考验，也是导致大学生恋爱成功率较低的一个重要原因。

从众心理。社会心理学研究表明，人在群体中生活容易出现从众心理。大学校园生活着一群年龄、文化背景等相似的大学生，有的同学本来没有谈恋爱的愿望，但看到昔日的好友、周围同学一个个出双入对，就可能会因为"大家都恋爱了"而被激发起恋爱动机，进而可能投入一段爱情之中。

实际上，为了脱单而脱单、为了恋爱而恋爱都是不可取的行为，是对爱情的不尊重。试想一下，如果只是为了脱单而恋爱，在不加了解对方的情况下看到一个长得不错的人就简单开始一段爱情，那么很可能会导致一方或双方受伤。因为不了解，双方开始盲目谈恋爱，彼此都投入了巨大的时间精力，然而最终随着了解的深入,双方中的一方可能会发现对方不适合自己,于是匆匆提出分手,被分手的一方将会陷入巨大的悲痛中。爱情的三观也特别重要,正确的爱情观可以让双方都收获甜美的爱情。

应对之道

作为大学生的我们该如何追求自己的爱情呢?

选择志同道合的爱情。在恋人的选择上最重要的条件应该是志同道合,双方在意识形态、事业理想和生活方式与经历等方面大体一致,应该实现理想、事业和爱情的有机结合,而不是盲目脱单。

摆正爱情与学业的关系。大学生要把学业放在首位,摆正爱情与学业的关系,不能把宝贵的时间都用于恋爱而放松了学习。爱情只是大学生活的一部分,即使脱单了,我们仍然要以学业为重,对自己负责,对恋人负责。

懂得爱情是理解、责任和奉献。恋人之间,理解对方并能够为个人和对方营造一种轻松的氛围,相互信任是自信的表现。责任和奉献则意味着个人道德的修养,是获得崇高的爱情的基础。

要真诚、幽默、互相尊重。恋爱时要诚实、礼貌、谨慎、风趣地向对方说明自己各方面的情况,使对方对自己有一个全面的了解与认识。用隐瞒和欺骗的手段去博得对方的爱情终究是要失败的。恋爱关系一经建立,就不要三心二意,要尊重对方的人格和感情。

发展文明的恋爱行为。一旦确立了恋爱关系,我们在交往中,就要要求自己做到言谈文雅,行为大方。彼此在交谈中要诚恳坦率,不要装腔作势,矫揉造作讨对方的欢心;在发生争执时,不能粗暴无礼,出口伤人,如此只能破坏感情。同时也要注意有些话题只能在同性之间交谈,有些玩笑并不适宜在异性面前乱开。在日渐相处中,双方要逐渐消除不自然感,落落大方。虽然爱情是两个人的世界,但公共场合是属于大家的空间,恋爱双方的举止要得体、有分寸,能够与周围环境和谐一致。

心理小贴士

晕轮效应

晕轮效应（halo effect）又称"光环效应""光晕效应""月晕效应"，指在人际知觉中所形成的以点概面或以偏概全的主观印象。当一个人急于脱单时，可能会受到晕轮效应影响。比如，对某个有好感的对象，会觉得对方一切都是好的。因为想脱单，就容易以偏概全地看待对方的优点和缺点。如果看到对方长相出众或者有某个很吸引自己的优点，如幽默风趣，就容易忽视对方可能存在的其他问题，像性格急躁、没有上进心等。

40 如何度过失恋的煎熬时光？

案例导入

小李与梅梅进入了同一所大学读书。小李长得很帅，学习又好，性格也很活泼和外向，深受女生的欢迎。梅梅美丽大方，温柔、有耐心，并且细心体贴，学习成绩也不错。后来他俩渐渐地在大家的羡慕中产生恋情并发展，两人感情很和谐。今年他们大三了，梅梅在家人以及老师的支持下，选择了考研，于是每天都会去图书馆看书。而小李则与梅梅相反，没有考研的想法，为了打发时间，开始在宿舍打起游戏来，与梅梅相处的时间越来越少，两人的共同话题也越来越少。梅梅抱怨小李不上进，小李责怪梅梅没时间陪他，于是两人的矛盾越来越严重。小李很大男子主义，希望梅梅对他百依百顺，但梅梅为了考研复习很少关注到小李，小李对此感到很气愤。最后，小李对梅梅提出了分手。梅梅很伤心，在图书馆看书时也提不起劲，想到曾经在一起的男孩因为自己想考研而与自己分手，她想，如果自己没选择考研的话他们是不是就不会分手。一想到他俩以前在一起时的甜蜜，梅梅就很难受，倍感煎熬。

心理解读

对任何人来说，失恋都是一种痛苦的情感体验，恋爱关系的中断往往会给当事人带来巨大的挫折感，会不同程度地造成剧烈而深刻的心理创伤。失恋带给梅梅的痛苦是可以理解的，梅梅可能会经历一段沮丧、痛苦、低落的时期。这个情感危机对梅梅来说也是人生中的一次重大考验，梅梅需要走出这个"死胡同"，冷静、客观地分析失恋原因，积极调整心态，理性回归自我。

失恋对大学生的心理发展具有双重影响：一方面失恋能够帮助大学生心理发展走向成熟；另一方面，它又会带给大学生各种心理问题。失恋对大学生心理发展的负面影响主要表现在以下四个方面。

导致自卑心理。大学生虽然在他人面前表现得自信心十足，但其实对他人关于自己的评价非常敏感，自我评价也并不稳定。失恋使大学生对自己的人际吸引力产生极大的怀疑，同时也怀疑自己没有能力再去爱别人。有的大学生因为失恋，对自我的评价出现了偏差。

产生绝望心理。绝望心理是失恋所带来的一种极端心理反应，尤其当处于热恋中，其中一方被另一方提出分手时，这种心理表现尤其强烈。被分手的一方心里很难平静，他/她可能会将自己与外界隔离，以保护自己免受更多的伤害，甚至可能发誓以后不再恋爱，对爱情彻底绝望。

产生报复心理。失恋是激情犯罪的一个常见起因。失恋后，有的人会失去理智，把自己的痛苦全部归因于对方的抛弃，认为对方对不起自己，因此产生报复心理。特别是由于一方不道德而导致的失恋或恋爱进程明显受他人阻挠时，当事人更容易产生报复心理。

产生悲愤、渺茫消沉心理。有的大学生将爱情视为生命中最重要的事情，一旦失恋，终日沉浸在极度痛苦中，变得性格古怪，难以接近；有的大学生选择对自己的行为不加约束，放纵自己，对他人的关心不予理解，不近情理；极个别大学生一时处理不好失恋的矛盾，感到万念俱灰、无路可走，甚至采取极端手段（比如伤人或自伤等）来解除痛苦。大学生失恋后产生类似上面的悲愤、渺茫消沉心理，会对身心造成很大的伤害。

应对之道

梅梅在失恋之后,她的情绪状态不太好,其考研复习进度也受到了影响,那么她应该怎么做呢?

适当宣泄情绪。可以找一个无人的地方尽情地哭泣、用力喊叫,捶打沙袋,或者找知心好友尽情倾诉,等等。只是千万别让悲痛、挫折和愤怒一直堆积在心里。

清除对方痕迹。整理对方留下的东西,能丢掉就丢掉,舍不得丢掉就打包封存起来,尽可能不去以前两人常去的地方,以免"触景生情"。及时适当地把情感转移到失恋对象以外的其他人、事或物上。发展密切的朋友关系,交流思想,倾诉苦闷,陶冶性情,也可以投身到大自然的博大胸怀中,从而得到抚慰。

保持尊严向前看。失恋了也不要去找他/她,不要和他/她联系,不要再眷恋以往。经常思考:"我有缺点(谁没有缺点呢?),但我更有尊严!"虽然不可能真正不在乎,但行动上要做出不在乎的样子。

多参加集体活动。失恋了也不要总是一个人待着,多参加聚会、郊游、舞会、打球等动态的、有许多人参加的活动,并尽量加入别人的谈话,跟着大家一起欢笑,笑着笑着心情就会开朗起来。

专注于学习或工作。化悲痛为力量,全神贯注地学习或者工作,会有意想不到的成就在等着你。

寻求专业人士的帮助。如果吃不下、睡不着、精神不振、对任何事物都提不起兴趣,这样的情况持续两周以上,可以找心理咨询师求助,或者主动找朋友倾诉,释放心理负荷。可以用口头语言,把自己的烦恼和苦闷向知心朋友毫无保留地倾诉出来,并听听他们的劝慰和评说,这样心理会平静一些。另外,也可以用书面文字,如写日记或写书信的方式把自己的苦闷记录下来,这样便能释放自己的苦恼,并寻得心理安慰和寄托。

心理小贴士

沉默成本效应

在爱情关系中，沉默成本效应同样存在且影响深远。它指的是个体因不愿放弃在关系中已投入的时间、情感、精力等成本，而倾向于维持现状，即使这段关系已出现问题或不再满足个人需求。这种心理可能导致人们在面对感情困境时犹豫不决，难以做出决断，害怕承认失败和损失。

爱情中的沉默成本不仅限于物质投入，更多的是情感层面的积累。人们可能因为害怕失去已建立的情感联系，或担心重新开始需要付出更多努力，而选择继续留在一段不健康的关系中。然而，这种坚持往往只会加剧双方的痛苦，阻碍个人成长和幸福。

因此，在爱情中，学会识别并克服沉默成本效应至关重要。这要求个体具备自我反思的能力，勇于面对现实，敢于做出改变，以追求更健康、更满足的关系。

41 异地恋如何坚持下去？

案例导入

毕业后的欢欢因为和男友在今后去哪个城市发展没能达成一致，只能分隔两地，两人十分苦恼，感情似乎越来越淡。欢欢男友性格内向，不爱说话，勤奋好学，在校各方面都表现优秀。欢欢说："我们每天都通电话聊天，因为彼此间距离比较远，只能靠电话和短信来联络和维持感情。但是经常也会因为不在彼此身边，看不到对方的表情或者猜错对方的意思而产生误解和矛盾，从而进入冷战期。有时还会因为一点小事情闹僵，进而影响双方之间的感情。难道毕业季就一定是分手季吗？异地恋为什么就这么艰难呢？"

心理解读

异地恋是我们老生常谈的问题，人们总说异地恋一般都没有好结果，真的是这样吗？事实上，无论你是想和一个人建立更深厚的友谊，还是想让你的爱情变得更牢固、长久，能不能提供高质量的陪伴都是至关重要的。陪伴能提升一个人的心理健康状况，缓冲一定的生活压力。这里所指的陪伴并不仅仅是陪伴在对方身边，精神陪伴也同样重要。案例中的欢欢和男友毕业后分隔两地，经常为各种原因产生误会与争吵，所以，许多和欢欢一样处于异地恋状态的小伙伴更需要了解怎样做到"高质量陪伴"。

仔细想想，你是否曾因为一个人心不在焉地陪着你，而感到落寞，甚至有点生气？或是当对方处在低谷需要你陪伴时，你明明花了时间却没有什么效果？其实，高质量的陪伴不在于时长，而在于你们是否用心地共度了那段时光。通过高质量陪伴，恋爱的双方能感受到：我爱你，无关时间与距离。

应对之道

面对异地恋的困扰，欢欢可以采取如下的应对策略。

相互信任。一定要让信任支撑你们，彼此信任是对异地恋双方最重要的尊重。对于异地恋的情侣来说，长时间的赌气和误解会让两人感情淡漠，这就可能让这段关系在距离的基础上变得更危险。所以，凡事要说清楚，今日事做到今日清，该认错时就认错。坦白是最好的良药，生气了就应该坦白地说出对方哪里做得不够好，告诉对方自己不满意哪种做法。这样，对方下次就可能会有所改进和收敛，同样的错误就不会再犯，误解也就少了。如果赌气不说或者说气话、放狠话，只会弄巧成拙，反而会打击对方的信心，造成不愉快的气氛和严重的问题。

做一个认真的聆听者。其实不论是何种关系，积极聆听都是维护关系的好办法，特别是处于异地状态的情侣们。而积极聆听有三个要点。

学会共情。虽然你不一定赞同他所有的话，但你能站在他的角度理解他有这样的感受是合理的。

不评判。把注意力放到对方所说的话中，不带批判、否定地倾听，而不是想着怎么发表自己的看法，更不要站在自己的立场去评判他说的话。一个好的倾听者，听是首位的，不要代入过多的自我。

澄清确认。通过确认对方的想法，来让对方感受到你真的明白了他的感受和需求，并且愿意提供支持。

当你的聆听满足这三点时，就能带给对方被看见和被理解的感受。

异地提供陪伴时，做到尽快回复消息。当两个人身处异地，对方需要你陪伴时，尽快回复对方的消息是一件极其重要的事。有研究证实，伴侣回复消息的频次越高、速度越快，异地恋中的两个人对关系的满意度就会越高。在日常生活中，如果你们都能时不时地给对方发送消息，哪怕只是爱心和表情包，都能起到增进感情的作用。对于异地恋的维护，如果对方需要你，你又准备回应他，那么最好能安排出一段时间，专心地和对方互动。如果在距离的影响下，你们觉得自己越来越不了解对方的生活，不希望两个人的交流因此而浮于表面，可以试试约定一起看一本书，或是一部电影，并分享感受。这样的话题不仅能创造新的共同点，让你们觉得两个人的生活被"串联"了，还能帮助彼此了解对方当下的状态和想法，做到深入对话。

保持好奇心与分享欲。"你今天做什么啦？""今天我这儿的云好美，拍给你看看。"话虽简单却也是在向对方表达你的关心和你对他的关心。当你对对方有真诚的关心，他也会更加投入到这段关系中，加强你们的连接。不过值得注意的是，不要让这句话成为随口的日常客套话、没话找话时的糊弄。如果伴侣认真地向你描述了这一整天发生的事情，却只能得到你的搪塞和应付，只会让对方更加难过、失去分享的欲望。

心理小贴士

共情两步曲

共情，也称为同理心，是指一个人理解和感受他人情绪状态的能力。共情是一个复杂的过程，但可以简化为以下两个基本步骤：

理解他人的情感和观点。认真倾听对方的话语和情感表达，不要打断，保持耐心；避免立即对对方的情况作出判断或提供解决方案，而是专注于理解对方的视角。

表达共情和提供支持。将你理解到的情感和观点反馈给对方，以确认你的理解是正确的；表达感同身受的语言，如"我能理解你为什么会这样感觉"或"这一定很不容易"。不论是安慰的话语或是实际的帮助或建议，都能让对方感受到强有力的支持。

42 为何情侣总是分分合合？

案例导入

大三的芳芳和小杰是一对情侣，芳芳是一个心思细腻、敏感，但独立性不够强的女生，比较黏人，而小杰喜欢打游戏，比较大男子主义。一天，他俩视频时，芳芳看到小杰一直边打游戏边跟她聊天，芳芳很生气，觉得小杰一点都不在意她，于是气冲冲地挂掉了视频电话。小杰很纳闷，自己也陪她视频了，怎么就生气了，但也没很在意，觉得自己没有错，于是安心地继续玩游戏去了。芳芳发现到晚上睡觉前，小杰都没来哄自己，好像什么事都没发生一样，就胡思乱想起来："是不是他不喜欢我了？我生气了也不来哄我！"芳芳越想越生气，于是跟小杰提出了分手，小杰觉得芳芳很莫名其妙，也生气了，就同意了。

分手后的两个月里，两个人都冷静了很久，都发现离开了对方，真的很难过，每天回忆着两个人曾经的点点滴滴，很不舍得这段感情。一天晚

上，小杰主动给芳芳发消息，表达了自己对芳芳的思念和懊悔，表示自己不该边玩游戏边和她视频，问是否能和好。随后两人吐露心声，芳芳原谅小杰了，两人又和好如初了。

为什么情侣总是吵吵闹闹，分分合合？

心理解读

芳芳因为小杰在打游戏时没有全神贯注地与她聊天而生气，她希望小杰能全心全意地陪伴她，回应她的期望和要求，而小杰专注于打游戏没有顾及她的感受，引发了芳芳的不满和愤怒。

从心理学的角度来看，每个人对同一段关系的期望都是不同的，这取决于他们的个人经历、价值观和生活目标。因此，小杰的行为可能并不是出于对芳芳的不尊重或者不在乎，而是他自己的兴趣和娱乐方式。复合也并不意味着问题完全解决，他们需要持续的努力和理解，以确保彼此的期望和需求得到满足。恋爱的双方都需要在关系中作出妥协和改变，以适应对方的需求和期望。

恋爱期的不理智状态。恋爱中产生矛盾的双方因"面子"及其他一些不必要的顾虑而在彼此间展开"冷战"，互不沟通，这些不必要的误会导致了矛盾的进一步升级，甚至使关系最终破裂。如个体在自己的合理利益遭到侵害时，往往担心人际关系变坏而容忍下来，不能主动表明自己的态度。个体不表态并不意味着他/她能够接受这种情形，其内心是不平衡的。情侣在一起难免有吵架的时候，但大多数情侣总是在吵架的时候说气话，不少情侣会因为无法协调好吵架的问题导致分手，归根结底是不会处理冲突。男性和女性的思维模式的确有较大差异，通常在沟通方面男性倾向于目标导向，女性倾向于情感导向，从而导致女性认为男性忽略了自己的情感。

沟通不当的原因。很多时候，情侣之间的争吵都是因为一些鸡毛蒜皮的事情引起的。先是发生一些口角，再到谁也不服谁，互相翻旧账，然后彻底吵起来了。事实上，当两个人都在抱怨对方时，就容易模糊概念，表达不清，从一件事情扩大到好几件事情上，从而让双方的沟通陷入更加复杂的境地。

吵架中，最容易让感情破裂的情形，就是把事情的责任归咎于一人的身上，彻底否定这个人的各个方面，站在道德制高点，挖苦、讽刺对方的不堪，贬低对方的人格。

应对之道

要学会自己控制情绪。在生气时也要就事论事，不说或者少说伤害人的语言；对方说狠话时，千万不要当真，理解那只是由情绪导致的。

学会倾听。良好的沟通中有80%的因素取决于听，只有20%取决于说。一个人越是有修养、有水平，他在听别人讲话时就越认真。倾听对方讲话的技巧有：眼睛注视对方；从态度上显示出很感兴趣，不时地点头表示赞成对方；不时发问或回应，如"哦""是的""后来呢"；不中途打断别人的讲话；不随便改变对方的话题。

意识到双方的差异。有问题要直接沟通，包括各自的需求、情绪以及希望，千万不能让对方猜谜。

尊重是沟通的前提条件。每个人的内心都需要得到他人的尊重，每个人也都有他人不具备的优势，尊重源于了解，尊重是关爱的表现。人一旦觉得被别人尊重，就会产生信任。我们最熟悉的莫过于自己的事情，所以与人交谈的关键是要对别人尊重和感兴趣，使对方自然而然地谈论自己。沟通只需真诚地以对方为主题就可以顺利开启，不必煞费苦心地去寻找特殊的话题。

掌握批评的艺术。在交谈过程中，如果不得不提出批评，一定要艺术地表达。首先，不要当着别人的面批评；其次，在进行批评之前应说一些确认和赞赏的话，然后再以"不过"等转折词引出批评的方面，即用委婉的方式；再次，批评对方的行为而不是对方的人格，就事论事；最后，批评时注意语气，用商量式的口吻而不是命令的语气批评别人。

心理小贴士

刺猬效应

　　刺猬效应是指刺猬在天冷时彼此靠拢取暖，但保持一定距离，以免互相刺伤的现象，它强调的是人际交往中的"心理距离效应"。刺猬效应的理论可应用于多个领域。个体之间交往时，距离不能太远，否则，会产生疏离感；也不能与人距离太近，否则，会失去界限。情侣在相处的过程中，也许由于一些沟通方式等原因，导致分分合合的情况出现。刺猬效应，只有在人与人关系中才可以得到体现，而且是一种普适性的法则，适用于各式各样的关系，在亲密关系中尤其适用。

43 怎样拥有甜甜的恋爱？

案例导入

欣欣今年谈了两次恋爱，两次都是不超过三个月就结束了。她对爱情很憧憬，身边的人也都甜甜地谈着恋爱，她也很期望有一段稳定、甜蜜的亲密关系。欣欣跟男友的相处状态是线下在一起的时候很甜蜜、很开心，但是分开后在网上聊天时她就会明显感觉到焦虑与不安。她总是独自胡思乱想，害怕对方背着自己和其他女生搞暧昧，以至于总是为此发生争吵，这也是欣欣这两段感情都不超过三个月就结束了的原因。于是欣欣提出疑问：如此缺乏安全感的我，怎样才能拥有甜甜的恋爱？

心理解读

谈到恋爱话题，自然离不开依恋关系。依恋关系一般是指个体与对其有特殊影响的人（如抚养者）建立的深厚情感联结，尤其是婴幼儿与其抚养者之间的感情关系，依恋关系的建立源于婴儿和母亲的关系。依恋理论认为，婴儿的依恋类型有以下四种：

安全型依恋。此类婴儿与母亲在一起时能安心地玩玩具，当母亲离开时，他们会明显地表现出苦恼，当母亲回来时，他们又会立即寻求与母亲的接触，很快平静下来并继续玩游戏。

焦虑型依恋。此类婴儿在母亲离开时非常不安，对母亲回来似乎没有信心，母亲回来时会寻求与母亲的接触，紧紧黏着母亲，或是对母亲发脾气，他们很难安抚，不能再去玩游戏。

回避型依恋。此类婴儿在母亲离开时并无紧张或忧虑，母亲回来时，他们亦不予理会或短暂接近一下又走开，表现出忽视及躲避行为，此类婴儿接受陌生人的安慰与母亲的安慰没有差别。

混乱型依恋。此类婴儿会对母亲一方面寻求亲密接触，另一方面却在接触时害怕而逃避，这类婴儿曾有被虐待与被忽视的经验，其依恋对象既是寻求安慰的对象，同时又是害怕的对象。

成人依恋指的是个体与其伴侣之间的一种亲密的情感连接，儿童期形成的依恋特征，成年以后仍然会显示出来，形成依恋模式。成人依恋关系类型分为四种：安全型依恋、痴迷型依恋、疏离型依恋、恐惧型依恋。

安全型依恋。安全型依恋主要表现为：能够做到和人亲密的同时，不会经常担忧你们的关系或一些小误解。能接受另一半的小缺点，并且能够爱与尊重对方。你不会把恋爱当成一场有输赢的游戏，试图操控对方。你会直接坦诚地、坚定地表达你的需要和感受，当你觉得你从他身上获得了什么，或者因为他付出了什么，你都能够直接说出来。

痴迷型依恋。痴迷型依恋主要表现为：渴望亲密，也有能力亲密，为了维持一个好的关系，你会放弃自己的需要，去讨好和适应你的伴侣。但因为你自己的需要没有被满足，你会变得不快乐。你的世界被你的爱情完全占据，你高度地配合你的伴侣，会投入非常多的精力绕着他转，总是担心他与你会变得没有那么亲密，为了缓解你的焦虑，你会用很多"小心机"，希望能够操控你的伴侣来获得他对你的注意力。你可能会假装冷淡、发脾气、不回电话、嫉妒，或者威胁对方自己可能会离开，以此来获得对方的回应，来重新坚定"对方爱我"的信心。

疏离型依恋。疏离型依恋主要表现为：你不愿意和他人分享内心深处的感受，当他人与你过分亲近的时候会感到不安。你讨厌被人依靠的感觉，你的独立和"自给自足"比亲密关系要更重要。你保护你的自由，拖延给出承诺。即使你作出了承诺，你还是会在头脑中提醒自己在这段关系中与对方保持一定距离，你会观察和审视这段关系，经常注意到对方的小缺点，追忆单身时的乐趣，或者幻想另外一种更理想的关系。

恐惧型依恋。恐惧型依恋主要表现为：你知道你需要亲密关系，也需要依赖他人，但你又害怕和人过分亲近，你担心这会把你置于某种危险中。一方面你担心依赖别人会限制到你的自由，另一方面你也担心依赖别人会被拒绝，被伤害，会因此变脆弱。

尽管依恋类型的形成受到早年经历的影响，但依恋类型的人也可以通过自己的努力改变自己的依恋类型。所以，改变依恋类型的第一步，就是了解自己到底属于哪种依恋类型，然后调整。

应对之道

案例中的欣欣如何才能摆脱过度焦虑，形成安全的依恋类型呢？不妨尝试以下办法：

建立健康的互动形式。我们知道了亲密关系中的体验是改变依恋的重要因素，而这与一个人如何与伴侣互动有着非常密切的关系。非安全型依恋的人，往往在关系中有着不健康的互动形式，容易被关系中的事件激发强烈的情绪，如焦虑不安、愤怒——产生特定的认知；担心对方不爱自己、抛弃自己——作出不利于关系发展的行为，如经常争吵、拒绝沟通。

修复依恋损伤。不安全型依恋的形成，不仅仅来源于童年，也与过往关系中的负面经历有着密切的关系。被欺骗、被背叛、被辜负、被否定的事件在亲密关系中发生时，容易造成情感或心理上的创伤，此时"依恋损伤"就出现了。这带来的不仅仅是不愉快的感受，它还会直接威胁个体对外在世界和他人的看法，令人无法忍受亲密关系中的不确定性，难以信任对方，甚至怀疑自己是不是不值得被爱。因此，可以尝试"信任"的思维方式，从当前关系中找到那些真正"被爱"的时刻，将其写下来。从不安全感的源头入手，通过更好地应对关系中的不确定性，找回关系中的信任感，从过去的伤害中走出来，开始成为"安全型"恋人。

重建自我。我们的依恋很大程度上与我们对于自身的看法有关。痴迷型的人和回避型的人，常常存在着自我意识上的焦虑和自尊问题。痴迷型的人，常常在内心深深地怀疑自己的价值，所以迫切地需要通过维持与伴侣的关系，确认伴侣对自己的爱，来告诉自己"我是值得被爱的"。回避型的人，也同样有着"自我验证"的倾向，即从对方身上获得对自身的确认。而我们能做的，是尝试探索自我价值更多的可能性，而不仅仅依靠亲密关系来定义自身的价值，从而更加坦然、真诚、勇敢地投入一段关系中。

心理小贴士

高质量亲密关系的特征

开放和真诚。在高质量的亲密关系中，双方能够坦诚地表达自己的想法和感受，不隐藏真实的自我。这种开放和真诚有助于建立深厚的信任和理解。

关心和体贴。双方都会关心对方的感受和需求，并愿意为对方付出。这种关心和体贴体现在日常生活的点滴中，如倾听对方的烦恼、给予支持和安慰等。

安全感和信任。高质量的亲密关系建立在安全感和信任的基础上。双方相信对方会尊重自己的边界，不会作出伤害自己的行为。这种信任感让双方能够放心地依赖对方，共同面对生活中的挑战。

这些特征共同构成了伯恩斯坦所认为的高质量亲密关系的核心要素，有助于恋爱双方建立稳定、和谐、幸福的亲密关系。

44 要答应他吗？

案例导入

小芳和小李在大一的一次社团活动中一见钟情，经过数月的相处，小李向小芳表白，小芳满心欢喜地答应了与他交往。小芳是个很内敛、传统的女孩，小李是她的第一个男朋友。他们在一起两个月后，小李向她提出想带她出去过夜的想法。小芳一开始感到很震惊、很担忧，她从来没有跟男孩子在外面过夜。她也明白一旦答应了男友的请求就将发生什么事情，但是她觉得这样的话两个人的关系就发展得太快了，她完全没有做好心理准备，又担心说出自己的想法会让他们的感情受到威胁。一边是自己的感受，一边是男友的感受，小芳不知道如何抉择。

心理解读

大学生一般处于青春期发育后期，身体迅速发育，性器官发育成熟，性心理也会出现明显的变化。但男生和女生在性的需求和表达上有着明显的差异，男生对异性感情的流露，往往主动、直接、热烈，女生对异性感情的表达则表现得比较含蓄、内敛、被动，案例中小芳之所以对男友提出的要求产生困扰，很大的原因就在于此。

此外，个体身体和心理的发展并不同步，心理的发展会迟于身体的发展。

大学生的性心理发展会经历三个阶段。

低年级学生性心理发展——萌芽阶段。进入大学校园，学生离开父母开始独立生活，这个阶段容易因为孤独而出现情感上的空虚和寂寞，也容易通过另一种方式来获取精神上的安慰，那就是恋爱。在恋爱的过程中不可避免地会碰触到性的问题，性对于大学生而言是神秘的，非常具有吸引力。

中年级学生性心理发展——发展阶段。伴随着身体机能的不断成熟，很多大学生逐步进入恋爱之中，因为不同的成长环境和成长经历，学生产生了不同的恋爱观念和性观念。在恋爱期间，如果双方都能够正确地处理恋爱与学习、与自己、与他人以及与未来的关系，随着情感的不断发展，会激励学生对美好未来的期望，推动个体努力学习，积极奋斗。如果学生不能够正确地看待双方的恋爱关系，在性观念和性行为方面存在分歧，就容易产生矛盾，严重的甚至会危及自己和他人的生命。

高年级学生性心理发展——波动阶段。进入到大三、大四年级，随着学生身体和心理的逐渐成熟，他们更多的开始考虑未来的就业问题，对恋爱及婚姻表现出不同的态度。在这种心理影响下，有些学生为了争取到工作机会就会隐藏自己的情感；有些学生因为求职遇挫转而去释放自己的情感，谈恋爱甚至频繁地更换异性朋友；有些正在恋爱中的学生会感到情感发展不够稳定，无法预测两人的将来，直到毕业参加工作才结束恋情。

大学生在性心理发展过程中充满了复杂性和矛盾性，其性心理表现有以下特点。

性心理的本能性和朦胧性。大学校园男女生的性心理缺乏深刻的社会内容，对异性产生的好感和爱慕是出于一种性本能的作用，对于异性的吸引，他们认为性有着浓厚的神秘感和朦胧感。

性意识的强烈性和表现上的文饰性。大学生容易出现表里不一的矛盾心理，尽管内心十分渴望与异性交往，但是表面上还是十分羞涩，内心充满矛盾和冲突。

性心理的动荡性和压抑性。大学生的性能量旺盛，但是社会规范的制约对性生理需求形成了压抑，大学生在生理上已经成熟，但是在心理上还没形成稳固的社会规范的约束，自控力不够强，行为容易偏激。

应对之道

当男友提出想要更进一步发生实质性的关系时,刚刚读大学的女生是难以接受的。如果直接拒绝,怕伤了他的心和彼此的感情;不拒绝他,又违背了自己的意愿,的确让人发愁。但是我们在爱别人之前首先要学会爱自己。遵从自己的内心,做最真实的自己,敢于拒绝才能有权利选择自己喜欢的生活。支撑一段关系的核心是让彼此都舒服、愉悦,更重要的前提是让你内心深处的需求得到满足。如果委屈自己,只是一味地讨好别人,忽略自己的感受,必将让自己苦不堪言。

性行为是合法夫妻的婚姻行为,是权利与义务的统一体。当男友提出性方面的要求时,自问你对对方的感觉如何,他是否值得你信赖,你是对他有感情还是为了满足他单方面的欲望,或者你认为这是一种挽救情感危机的方式。一味地迁就他人换来的可能并不是长久的甜蜜。

不要让自己"中计",对于别人的激将法要冷静。"如果你喜欢我、关心我,就应该……"相信真正爱你的人不会以爱之名来要求你做任何违背你意愿的事情。

不要害怕说"不"。不要害怕拒绝会伤害感情,因为性行为是你生活中有权自私的一方面。如果不想做,就拒绝!如果做了错事,并发现以后不希望这样做,请不要太自责。学习如何把握性爱与情爱的分寸就像学习其他任何东西一样:犯错误是必然的。

一定要拒绝高危的性行为,远离早孕和性传播疾病。一时冲动带来的后果是无法设想的,小则整日担忧,大则危及生命。

心理小贴士

男女性别的性心理差异

男生和女生在性心理上存在差异,这些差异主要体现在对性行为的偏好、兴趣、表达方式、焦虑和恐惧,以及社会角色期望等方面。

偏好和兴趣。男生和女生对不同类型的性行为、场景或对象有不同的偏好和兴趣。

表达方式。由于受社会和文化背景的影响,男生和女生在表达自己的性需求和喜好时有所不同。男生可能更倾向于直接表达自己的欲望，而女生则可能更加含蓄或委婉地表达自己的感受。

焦虑和恐惧。在某些情况下，不同性别的人可能会因为担心被拒绝或不被接受而感到焦虑或不自信。这可能会影响他们在与他人分享性需求时的表现。

社会角色期望。社会中存在着对不同性别角色的期望，这些期望可能会影响到他们如何处理性和人际关系。

45 如何防止被"洗脑"？

案例导入

近日小小愈发低落、郁郁寡欢，她从未想过自己会遭遇"精神控制"。在感情刚开始时，小小和男友看起来都很不错，男友良好的品位和恰到好处的体贴，让小小心动不已。事实上，最初交往时男友也不时会为她制造浪漫：突然而降的鲜花和蛋糕，牵着手散步去看海……但时间久了，小小发现男友对自己越来越冷淡，越来越粗暴，以前的温柔不复存在。

最近小小和男友大吵了一架，几天后小小主动去求着他复合，想继续维系这段关系。但是男友却要求小小以后再惹他生气就必须接受一些惩罚，例如下跪道歉，拍私密的视频，等等。小小感到难以接受，但男友却扬言这世上除了他再也没有人愿意和她在一起了。尽管小小知道男友的要求很过分，但她还是想挽回这段感情，不知不觉她已经深陷其中，同时她也担心自己的隐私会被曝光，小小开始感觉到了害怕和无助，小小怎样才能摆脱呢？

心理解读

类似小小遭遇的这类情感洗脑，会危害人的身心健康和社会秩序。下面我们从几个方面认识一下情感洗脑。

情感洗脑。情感洗脑是最为大众熟悉的精神控制种类，受害人可能会经历一个由好奇到探索直至着迷的阶段。当自我情感深陷之后，对方便会放大你的缺点，摧毁你的自尊甚至人格。更有甚者，对方会对受害人进行感情虐待，不断洗脑，让其作出诸如向自己下跪、为自己放弃一切等荒唐举动。

情感洗脑的表现。不管是父母或是爱人还是朋友，如果总是以"为你好"为借口，强行干涉和管理你的生活，那么你就要注意了。他们往往会对你提出一些要求，而这些要求并不是你情愿去做的，他们对你的要求高于你自己对自己的要求，并且无论你做什么，他们都会觉得你做得不够好，然后会不断地指责你、抨击你、批评你，到最后，连你自己都觉得他们说的是对的，你也认为自己真的很糟糕了。

情感洗脑的识别。首先，观察对方是在批评你的部分缺点，还是否定你的全部。比如当你粗心时，正常的人会说"粗心不好，需要改正"，但洗脑施加者会否定你整个人，会从你的粗心引申到"你粗心大意，你不行，你有问题，别人不会喜欢你，不会认可你等"。其次，分析对方的话是建议还是命令，你是否有选择的权利；如果你不接受，对方会如何反应，是尊重你的选择，还是攻击你、逼迫你。很多时候，洗脑施加者的话听起来像是在促使你进步，变成更好的人。再次，倾听自己的感受。不妨问问自己："我在这段关系中更快乐了吗？更充实了吗？更自信了吗？"如果一段关系让你变得不开心、不自信，变得自我怀疑，觉得自己不好，感到绝望无助，那么这段关系就是有问题的。

情感洗脑的危害。第一，情感洗脑陷阱可能会让受害者人财两失。洗脑实践者会等待时机，以资金周转等借口为由，哄骗女方借钱给自己，实际上根本不会归还。第二，隐私的暴露。受害人被暴露的不只有个人信息，甚至包括私密照，这将对受害者的名誉和安全造成影响，受害者甚至可能承受莫大的舆论压力和网络暴力，觉得在人群中难以抬起头。第三，各种身体和心理问题。受害女性往往会产生不安、焦虑、紧张害怕，甚至崩溃的情绪，她们对生活感到绝望，严重者会引发抑郁，甚至自杀。第四，创伤类反应，信任瓦解。被洗脑的女性会产生极大的精神创伤，一般表现为后悔自责，贬低自我价值，警觉性增强，睡不安稳或做噩梦，产生一些退缩和回避的行为，尤其害怕社交场合。

应对之道

如果我们像小小一样已经处在被洗脑的过程中，或者感觉自己被某一段关系所操控，这时我们要保持冷静，不要陷入被动，而是要建立起反洗脑意识。

及时止损，调整自我，了解洗脑规则，让自己无懈可击。我们要学会把自己的感情放在第一位，尊重自己的感受，对会给自己感到不舒服的事情勇敢地说"不"。了解洗脑的过程，弄清楚对方是如何一步步给自己洗脑的，看清现实。避免陷入更深的漩涡。如果可以的话，掌握反洗脑术，更好地保护自己，从根源上解决问题，让自己无懈可击。

保持独立自信，不要怀疑自己，也不要为对方生气动怒。洗脑最重要的阶段就是想尽办法贬低受害人，进而对受害人进行精神摧毁，这个时候一定要稳住，如果被洗脑者操控情绪，就很容易落入洗脑者的陷阱。一旦开始怀疑自己，对方就会趁机来指导你做事，在你心中建立他/她完美的形象，并继续贬低你，让你对自己持续怀疑。我们应该明白，对方说的一切都只是他/她的话术，跟"实际的你"没有关系。你只需要保持理智的头脑，反过来让对方生气，一旦对方生气，他的伪装将全部坍塌，他的洗脑也就失败了。

如果有必要，一定要勇于寻求外界的帮助。前面提到的方法适用于轻度洗脑，如果已经被重度洗脑，可能就不是自己可以解决的了。这时，一定要勇于寻求外界的帮助，比如求助于专业的心理老师或心理辅导机构，只有通过这些专业的心理介入，你才可能看清这种关系的不合理之处，才能摆脱这种畸形关系给你带来的伤害。一段好的关系，是让两个人都舒服，都可以找到更好的自我。相反，如果一段关系让你越来越没有自我，那么这时，不妨问问自己，究竟真的是自己不够好，还是因为遇见了一个不够好的人。识别出那些有洗脑特质的人，并远离他们，才能更好地保护自己，让自己变得更好。

心理小贴士

煤气灯效应

煤气灯效应，又称煤气灯探戈、煤气灯操纵，是指对受害者施加的情感虐待和操控，让受害者逐渐丧失自尊，产生自我怀疑，无法逃脱。煤气灯效应描述的是一种心理操控手段，受害者深受施害者操控，以至于怀疑自己的记忆、感知或理智。

简单而言，煤气灯效应就是"首先说服受害者的想法是被歪曲的，其次说服受害者接受加害者的想法是正确的和真实的"。煤气灯效应在受害者中会引起认知失调或认知偏差，通常是充满情感的认知失调，并使受害者对自己的思维、感知和现实测试提出疑问，从而容易引起他们的自尊心低落和产生令人不安的想法等影响，并可能导致受害者产生混乱、焦虑、抑郁等情绪，甚至在某些情况下发展为精神病。当受害者对自己的心理能力失去信心并发展出一种习得性的无助感之后，他们就更容易受到加害者的控制。

参考文献

[1] 戴夫·埃利斯. 大学应该这样读：优秀大学生成长指南：第12版[M]. 刘静焱，于吉美，陈园锋，译. 北京：科学出版社，2010.

[2] 克里斯托夫安德烈，弗朗索瓦勒洛尔. 恰如其分的自尊[M]. 周行，译. 北京：生活书店出版有限公司，2015.

[3] 巴隆，杜兰德. 异常心理学：第4版[M]. 杨霞等，译. 北京：中国轻工业出版社，2006.

[4] 泰勒·本·沙哈尔. 幸福的方法[M]. 汪冰，刘骏杰，译. 北京：当代中国出版社，2007.

[5] 简·博克，莱诺拉·袁. 拖延心理学[M]. 蒋永强，陆正芳，译. 北京：中国人民大学出版社，2009.

[6] 陈泰中. 逆商：通向成功的挫折教育[M]. 北京：中国经济出版社，2006.

[7] 尼尔·菲奥里. 战胜拖拉（升级版）[M]. 张心琴，译. 北京：东方出版社，2013.

[8] 芭芭拉·弗雷德里克森. 积极情绪的力量：缔造当代积极心理学最新巅峰[M]. 王珺，译. 北京：中国人民大学出版社，2010.

[9] 郭兰，傅安洲，霍绍周. 大学生心理危机及预警系统研究[J]. 中国地质大学学报（社会科学版），2001，1（3）：63-67.

[10] 郭霖. 人际沟通与公众表达[M]. 重庆：重庆大学出版社，2018.

[11] 侯玉波. 社会心理学：第四版[M]. 北京：北京大学出版社，2018.

[12] 焦晶，胡盛华. 大学生心理健康教育[M]. 北京：北京工业大学出版社，2020.

[13] 胡素琴.压力相关的暴饮暴食该如何控制[J].心血管病防治知识（科普版），2019（19）：61-63.

[14] 李升，李敏.当代青年女性"容貌焦虑"的社会机制分析[J].中国青年研究，2022（4）：78-85.

[15] 林崇德，杨治良，黄希庭.心理学大辞典：下[M].上海：上海教育出版社，2003.

[16] 刘文娟，季建林.双相情感障碍的心理社会治疗[J].国际精神病学杂志，2007，34（3）：175-180.

[17] 彭聃龄.普通心理学：修订版[M].北京：北京师范大学出版社，2001.

[18] 彭凯平，刘钰，曹春梅，等.虚拟社会心理学：现实，探索及意义[J].心理科学进展，2011，19（7）：933-943.

[19] 乔一飞.大学生网络虚拟社交及其影响的调查研究[J].改革与开放，2011（4）：175-176.

[20] 史占彪，张建新.心理咨询师在危机干预中的作用[J].心理科学进展，2003，（4）：393-399.

[21] 罗宾·斯特恩.煤气灯效应：如何认清并摆脱别人对你生活的隐性控制[M].刘彦，译.北京：中信出版集社，2020.

[22] 雪莉·特克尔.群体性孤独：为什么我们对科技期待更多，对彼此却不能更亲密？[M].周逵，刘菁荆，译.杭州：浙江人民出版社，2014.

[23] 王丽君，陈嫄，王丽娜，等.手机成瘾与大学生学业拖延：有调节的中介模型[J].教育生物学杂志，2021，9（5）：358-365.

[24] 王玲玉.大学生依恋类型与亲密关系质量现状调查[J].教育观察，2021，10（9）：60-63.

[25] 盖伊·温奇.情绪急救：应对各种日常心理伤害的实用策略[M].孙璐，译.上海：上海社会科学院出版社，2015.

[26] 杨雪梅，朱建军.大学生心理咨询与治疗案例解析[M].北京：中央编译出版社，2011.

[27] 喻东山.强迫症治疗的新进展[J].中华精神科杂志，2005，38（1）：50-52.

[28] 张大均.论人的心理素质[J].心理与行为研究，2003，（2）：143-146.

[29] 张大均.青少年心理健康与心理素质培养的整合研究[J].心理科学，2012，35

（3）：530-536.

[30] 赵抒.一例大学生考试焦虑的咨询案例报告[J].知识文库，2016（15）：268-269.

[31] 郑小兰.改变一生的60个心理学效应[M].北京：中国青年出版社，2009.

[32] 钟谷兰，杨开.大学生职业生涯发展与规划[M].上海：华东师范大学出版社，2008.

[33] 黄海，牛露颖，周春燕，等.手机依赖指数中文版在大学生中的信效度检验[J].中国临床心理学杂志，2014，（5）：835-838.

[34] 黄希庭，郑涌.当代中国大学生心理特点与教育[M].上海：上海教育出版社，1999.

[35] 彭纯子，龚耀先，朱熊兆.交往焦虑量表的信效度及其在中国大学生中的适用性[J].中国心理卫生杂志，2004，18（1）：39-41.

[36] 王才康.考试焦虑量表在大学生中的测试报告[J].中国心理卫生杂志，2001，15（2）：96-98.

[37] 叶仁敏,成就动机的测量与分析[J].心理发展与教育，1992，8（2）：14-16.

[38] BERRIOS R, TOTTERDELL P, NIVEN K. Why do you make us feel good: Correlates and interpersonal Consequences of affective presence in Speed-dating[J]. European Journal of Personality, 2015, 29（1）：72-82.

[39] HARRIS M A, ORTH U.The link between self-esteem and social relationships：a meta-analysis of longitudinal studies[J]. Journal of Personality and Social Psychology，2020，119（6）：1459-1477.

[40] HAZAN C, SHAVER P.Romantic love conceptualized as an attachment process [J].Journal of Personality and Social Psychology,1987，52（3）：511-524.

[41] WELLS J L,HAASE C M,ROTHWELL E S, et al.Positivity resonance in long-term married couples：multimodal characteristics and consequences for health and longevity[J].Journal of Personality and Social Psychology，2022，123（5）：983-1003.

[42] HART T A, FLORA D B, PALYO S A, et al. Development and examination of the social appearance anxiety scale[J].Assessment. 2008，15（1）：48-59.

后记

当我们终于为这套"每天学点心理学"丛书画上句号时，心中感慨万千。

时间回到2021年11月19日，江西省平安建设领导小组办公室与江西师范大学共建的"江西省社会心理服务体系建设研究中心"正式揭牌。这是江西省社会心理服务工作的一件大事，中心的顺利揭牌令人欢欣鼓舞、倍感振奋。江西省委政法委对中心工作提出了发展方向，指出社会心理服务的工作要深入基层社区，走进居民群众，把心理服务这篇大文章写好、写精彩。由是，编写一套面向民众的心理科普知识手册列入工作日程。2022年4月，在完成前期调研的基础上，编写专家团队正式成立，开启了编写工作，这也是"每天学点心理学"丛书的缘起。

江西拥有着悠久的历史文化与深厚的人文情怀。进入新时代，江西在推进社会心理服务上取得了一系列成绩：积极探索了与经济社会发展相适应的社会心理服务体系建设模式，完成了赣州市作为全国社会心理服务体系建设试点工作，启动"966525"社会心理服务热线为群众提供心理疏导和心理危机干预等。江西省社会心理服务体系建设研究中心的成立，更是为开展社会心理服务理论和实践研究提供了一个重要的平台。目前，中心已成立两支专家队伍，在编撰出版心理科普读物、开展社会心理知识宣传、网格员心理培训与疏导、研究并构建特殊人群教育转化的干预策略、开展民事转刑事的矛盾化解规律研究、撰写决策咨询报告等方面进行了大量工作。

  本手册即为"每天学点心理学"丛书之一，写作历时大半年，编委会几经讨论定下体例。作者们从选题到写作风格，多次论证修改，几易其稿，每位作者都付出了辛勤的汗水。其中罗蓉负责选题策划并组织人员编写，武厚、卢科荣、张煌彬、刘芳彤、黄道乾、吴泓玥、聂圆梦等几位同志一起完成编撰工作。我们希望以本书"抛砖引玉"，为大学生心理健康自我教育提供新的思路和探索，希望朝气蓬勃的年轻人学会从心灵的视角去求索，在成长中不断丰盈自己，最终成就更完美的自己！

  在编写过程中，也借鉴了国内外诸多专家的文献，吸收了他们关于心理健康的真知灼见，在此一并致谢。同时感谢在编写过程中给予帮助的所有人。

  参编人员也深知，纵然精心编写，疏漏在所难免。希望各位读者朋友在阅读过程中能够不吝赐教，提出宝贵的意见和建议，帮助我们不断完善和提高。

编者
2024年12月